CHÖGYAM TRUNGPA

WIE UNSER GEIST FUNKTIONIERT

Ein kurzer und tiefer Einblick
in die buddhistische Psychologie

Herausgegeben von Sherab Chödzin Kohn
Aus dem Englischen von Sylvia Luetjohann

WINDPFERD

Titel der Originalausgabe *Glimpses of Abhidharma*
Erschienen bei Shambhala Publications, Inc.,
Horticultural Hall, 300 Massachusetts Avenue, Boston, MA 02115
www.shambhala.com

Aus dem Englischen übertragen von *Sylvia Luetjohann*

Chögyam Trungpa (1940-1987) Der Meditationsmeister, Lehrer und Künstler kam in den 1960er-Jahren in den Westen und gilt als Schlüsselfigur für die Einführung und zeitgemäße Verbreitung des Buddhismus in der westlichen Welt. Er begründete das Naropa Institute in Boulder (Colorado), die erste vom Buddhismus inspirierte Universität in Nordamerika, und Shambhala International, eine weltweite Vereinigung von Meditationszentren auf der Grundlage des Shambhala-Trainingsprogramms. Außerdem ist er Autor zahlreicher Bücher, darunter der Klassiker *Aktive Meditation*.

1. Auflage 2013

Umschlaggestaltung: Andrea Barth – Guter Punkt/Agentur für Gestaltung
Bildquelle Cover: © Anna Jurkovska/shutterstock
Lektorat: Silke Kleemann
Satz und Layout: Marx Grafik & ArtWork
Gesetzt aus der Adobe Text
Druck: Himmer AG, Augsburg

MIX
Papier aus verantwortungsvollen Quellen
FSC www.fsc.org
FSC® C095359

Printed in Germany
ISBN 978-3-86410-044-4
www.windpferd.de

VORBEMERKUNG DES VERLAGS ZUR DEUTSCHEN AUSGABE

Der Buddhismus ist dafür bekannt, überall dort, wo er sich verbreitet, eine ihn stark prägende Synthese mit der in dem jeweiligen Land herrschenden Kultur oder spirituellen Tradition einzugehen. Daraus haben sich ganz unterschiedliche Ausdrucksformen entwickeln können.

Im Westen kann der Buddhismus mittlerweile auf eine etwa vierzigjährige Tradition und Praxis zurückblicken. Seitdem haben sich Querverbindungen zwischen Buddhismus und westlicher Psychologie ergeben und die zunehmende Popularität der Neurowissenschaften weiter verstärkt, zumal diese die alten Weisheiten der buddhistischen Philosophie durch neueste wissenschaftliche Erkenntnisse bestätigt finden. Auf der Basis eines fruchtbaren Dialogs zwischen westlicher Psychologie und buddhistischer Geistesschulung unter Einbeziehung meditativer Ansätze vollzieht sich ein kultureller Bewusstseinswandel. Vor allem solche Schlüsselbegriffe wie Achtsamkeit, aber auch eine veränderte Sicht auf Mitgefühl und Leiden sowie ein größeres Augenmerk auf die Psychosomatik als Schnittstelle von Körper und Geist sind hier als Beispiel zu nennen.

Thema des vorliegenden Buches ist der Abhidharma. In der buddhistischen Philosophie des Abhidharma werden unter anderem die Grundlagen der Psychologie, die Funktionsweise des Geistes und die verschiedenen Bewusstseinszustände des Menschen erkundet. Chögyam Trungpa behandelt dieses Thema unter dem Gesichtspunkt, wie sich das Ego schrittweise durch die Stufen der fünf Skandhas oder Geistesfaktoren entwickelt. Mit diesem exakten Einsichtsprozess in die Struktur unseres Geistes wird hier ein übergreifendes und zeitloses kompaktes Grundlagenwerk für die buddhistische wie auch für die westliche Psychologie wieder zugänglich gemacht.

Chögyam Trungpa stellt den bisweilen als „trocken und theoretisch“ geltenden Abhidharma in seiner unnachahmlich frischen und durchaus auch herausfordernden, gleichzeitig tiefgründigen und leicht eingängigen Weise dar. Aus einer sehr lebendigen Lehrsituation heraus entsteht spontan eine neue Form der Überlieferung traditioneller buddhistischer Lehren, die dem westlichen Denken angemessen ist. Er umschreibt diesen kreativen Vorgang selbst mit den Worten: *„So ähnlich gibt ein guter Bäcker sein Wissen um das Brotbacken weiter. Die Kenntnis ist gewissermaßen alt, aber jedes Mal, wenn das Brot gebacken wird, ist es warm und frisch. Es gibt kein kaltes Brot ...“.*

INHALT

GELEITWORT VON CHÖGYAM TRUNGPA

Es freut mich, dieses Vorwort für die deutsche Ausgabe dieser kleinen Einführung in die Psychologie des Abhidharma zu schreiben.

Es scheint viele Formen spiritueller Disziplin in dieser Welt zu geben; der innerste Kern von ihnen allen besteht jedoch in dem Verständnis, das wir von uns selbst und anderen haben. Die buddhistische Überlieferung hebt besonders hervor, dass wir die Grundlagen von Freiheit verstehen müssen, ehe wir Freiheit erlangen können. Wenn wir uns selbst nicht kennen, dann treten Enttäuschung, Anhaftung an das Ego, Leidenschaftlichkeit, Aggression und alle möglichen negativen Dinge auf. Wenn Praktizierende jedoch von einer Beurteilung absehen und einfach das Strukturmuster ihres Geistes herausfinden, könnten sie eine gewisse Erleichterung erfahren und dazu fähig sein, ein bestimmtes Gefühl von Verbindung zu einer Reise in Richtung geistiger Klarheit herzustellen. Diese Art von Geisteszustand kann durch Shamatha-Vipashyana, die Disziplin der Meditation im Sitzen, ausgebildet werden. Mithilfe dieser Disziplin können Schüler die Morgendämmerung des Erwachens entdecken.

Ich hoffe, dass dieses Buch dazu beitragen wird, das Rad des Dharma zu drehen und die Lehren der Praxis-Linie Buddhas weiter zu verbreiten. Möge die strahlende Sonne der Erleuchtung im Herzen eines jeden erweckt werden.

Mit Segenswünschen,
Der Ehrw. Vajracharya Chögyam Trungpa
Boulder, Colorado, 1978

EINLEITUNG

Der Abhidharma mag vielleicht als trocken und gelehrt, als theoretisch angesehen werden. Nun, wir werden sehen. Auf jeden Fall möchte ich diejenigen unter Ihnen begrüßen, die mutig und dazu bereit sind, sich darauf einzulassen. Sie sind gewissermaßen Krieger.

Ich habe mich dazu entschlossen, den Abhidharma darzustellen, weil ich es als eine Notwendigkeit empfinde, beim Studium der buddhistischen Überlieferung vom Anfang an zu beginnen: ganz von vorn anzufangen und die reine, klare und unverfälschte Lehre vorzustellen. So haben wir es bisher im Hinblick auf die Meditationspraxis und ebenso mit dem theoretischen Verständnis der Lehre gehalten. Ich empfinde es als wichtig, dass die Lehren in dieser Weise präsentiert werden. Die Einführung östlicher Lehren im Westen ist im besonderen Maße vom Zufall bestimmt worden. Die Lehrer haben etwas mitzuteilen und dies tun sie auch – vielleicht erreichen sie ihre Zuhörer jedoch nicht so wirkungsvoll, als dass damit die richtige Situation für die Praxis geschaffen wäre. Diese Lehrer sind in ihren eigenen Ländern ausgebildet worden, sie haben dort praktiziert und die Überlieferung empfangen; dort aber herrschten andere kulturelle Zustände und ein bestimmtes Umfeld für die Disziplin wurde als selbstverständlich betrachtet. Sie scheinen anzunehmen, dass der gleiche kulturelle Hintergrund auch im Westen existiert, aber dem ist vielleicht nicht so. Damit wir hier im Westen in eine spirituelle Lehre eindringen können, müssen wir bis zu ihrem innersten Kern vorstoßen. Wir müssen ein wirklich gutes Fundament errichten, ehe wir zu solchen Übungen wie dem Yoga der Inneren Hitze kommen oder mit Levitation beginnen usw.

Es gibt zwei Betrachtungsweisen, wenn wir auf die grundlegenden Prinzipien zurückgehen. Einige Menschen fühlen sich davon angezogen, ausschließlich auf der intuitiven oder gefühlsmäßigen Ebene zu arbeiten; andere empfinden jene Herangehensweise nicht als grundlegend genug und möchten sich mit dem gelehrten oder theoretischen Aspekt beschäftigen. Ich würde nicht behaupten, dass sich diese beiden Möglichkeiten widersprechen, sondern dass es sich vielmehr um zwei Zugangswege handelt, durch die man sich dem Thema annähern kann. Wir wollen hier versuchen, weder den Intellekt noch die Intuition zu vernachlässigen, sondern beide miteinander zu verbinden. Ein wirkliches Verständnis der Lehren muss gleichzeitig verstandesmäßig und „menschlich" sein. Der verstandesmäßige Aspekt entspricht der Theorie; die menschliche Seite ist das intuitive persönliche Gefühl für die Lehre und der Lernprozess, der darin enthalten ist. Wir könnten sagen, dass das Studium des Abhidharma in gewisser Hinsicht theoretisch ist, dass es jedoch auch über die Eigenschaft der persönlichen Individualität verfügt, weil der Abhidharma eine Übersicht über die Psychologie des menschlichen Geistes ist. Er gehört zur grundlegenden Philosophie des Buddhismus und ist allen Schulen gemeinsam – den Theravadins ebenso wie den Tibetern und anderen.

Der Abhidharma ist ein Teil dessen, was *Tripitaka* – die „drei Körbe" oder „drei Haufen" – genannt wird. Aus diesen drei Hauptteilen der Lehre setzen sich die buddhistischen Schriften zusammen. Der erste heißt *Vinayapitaka* und hat mit Disziplin zu tun, mit den praktischen Notwendigkeiten, wie man sein Leben in der Welt zu leben und es gleichzeitig zu verstehen hat. Der *Vinaya* wird so beschrieben, dass es keinen Widerspruch zwischen Verständnis und praktischer Disziplin gibt. Der zweite „Korb" ist der *Sutrapitaka;* er beschäftigt sich mit bestimmten Meditationsübungen und verschiedenen Möglichkeiten, wie der Geist zu schulen ist, wie Intellekt und Intuition beide gleichermaßen als Hilfen für die Meditation anzunehmen und zu nutzen sind. Der dritte ist der *Abhidharmapitaka.* Nachdem wir den praktischen Aspekt der Beziehung zur Welt und auch den meditativen psychologischen Aspekt erkannt haben, beginnen wir nun mit der Arbeit am Hintergrund der ganzen Angelegenheit. Dabei handelt es sich fast, so könnte man sagen, um die Vorbereitung zu lehren. In gewisser Weise sagt uns der Abhidharma, wie wir mit anderen kommunizieren, nachdem wir einmal alles verstanden haben.

Viele moderne Psychologen haben festgestellt, dass die Entdeckungen und Erklärungen des Abhidharma mit ihren eigenen jüngsten Entdeckungen und neuen Ideen zusammenfallen – so als hätte sich der Abhidharma, der vor 2500 Jahren gelehrt wurde, in einer modernen Ausdrucksweise wieder neu entwickelt.

Der Abhidharma beschäftigt sich mit den fünf Skandhas. Die Skandhas stehen für die gleichbleibende Struktur der menschlichen Psychologie wie auch für deren Evolutionsmuster und das Evolutionsmuster der Welt. Die Skandhas haben auch einen Bezug zu den verschiedenartigen Blockierungen: spirituellen, materiellen, gefühlsmäßigen. Ein Verständnis der fünf Skandhas zeigt, dass alles – jegliche Erfahrung, jegliche Inspiration – zu einer weiteren Blockierung oder zu einem Weg der Selbstbefreiung werden kann, haben wir uns erst einmal auf den grundlegenden Kern der Ichheit eingestimmt. Abhidharma ist eine sehr genaue Methode, den Geist zu betrachten. Jede Tendenz des Geistes, selbst die leiseste Andeutung einer Tendenz, kann mit großer Genauigkeit erkannt werden, sogar so etwas wie die geringfügige Verärgerung, wenn sich eine Fliege auf unserem Bein niederlässt. Diese Reizung könnte beispielsweise als freundlich eingestuft werden, wenn sie die Fliege bloß verscheuchen will, oder als aggressiv, wenn sie danach drängt, sie zu töten.

Der Abhidharma setzt sich sehr exakt und unvoreingenommen mit unserer besonderen Geistesart auseinander, und es ist für uns außerordentlich hilfreich, unseren Geist auf jene Weise wahrzunehmen. Dies bedeutet nicht, dass wir dabei nur gelehrsam und intellektuell vorgehen. Wir können von den kleinen Reizungen wie derjenigen mit der Fliege eine Beziehung zu ebendem Geschehen herstellen, das die menschliche Situation ausmacht. Wir machen kein sonderliches Aufhebens davon, nehmen es jedoch ganz genau wahr. Dies kann unter Umständen sehr hilfreich sein. Es ist nicht nur eine Hilfe für die reine Meditation, sondern auch für die aktive Meditation im Handeln. Die gesamte Betrachtungsweise des Buddhismus ist darauf ausgerichtet, sich mit den alltäglichen Lebenssituationen auseinanderzusetzen, anstatt lediglich zu meditieren, um damit Erleuchtung zu erlangen. In allen drei *Pitakas* wird sehr wenig Nachdruck auf Erleuchtung gelegt. Die *Pitakas* sind Handbücher dafür, wie wir im Sinne des erwachten Geisteszustandes zu leben haben – dies jedoch eher auf der Ebene des alltäglichen Abwaschs*. Sie beschäftigen sich damit, wie wir aus unserem gewöhnlichen schlafwandlerischen Zustand heraustreten und uns wirklich mit den tatsächlichen Gegebenheiten auseinandersetzen können. Der Abhidharma ist ein wesentlicher Bestandteil jener allgemeinen Anleitung.

Aufgrund der Beschränkungen durch Zeit und Raum und die Geduld der Zuhörer muss unsere spezielle Betrachtung des Abhidharma hier so etwas wie eine grobe Übersicht bleiben. Ich glaube trotzdem, dass sie als grundlegende Einführung äußerst nützlich sein wird.

FRAGE: *Ich habe den Unterschied zwischen* Sutrapitaka *und* Abhidharmapitaka *nicht richtig verstanden.*

ANTWORT: Der *Sutrapitaka* liefert die Meditationstechniken, während der *Abhidharma* die konkrete Meditationserfahrung beschreibt, so dass man darüber eine Verbindung zu anderen Menschen und ebenso auch zu sich selbst herstellen kann. Er verfährt nicht wie ein Kochbuch, sondern geht davon aus, dass

---

*Anm. d. Übs.: Chögyam Trungpa verwendet hier und an einigen weiteren Stellen die englische Wendung *kitchen sink* (wörtlich „Spülbecken"). Diese ist ein Hinweis darauf, dass wir uns auch als Meditierende ganz konkret um unseren Abwasch kümmern müssen, und dient als Metapher für das ganz gewöhnliche Alltagsleben.

man mit bestimmten Gedanken und Erfahrungen vertraut ist, und diese formuliert er dann mit großer Genauigkeit. Deshalb sind Übersetzer in der letzten Zeit in Schwierigkeiten mit buddhistischen Texten geraten, weil sie nicht über die Erfahrung dessen verfügten, wovon die Rede ist. Dies ist ein Mangel in vielen Übersetzungen.

Was bedeutet Abhidharma?

Das tibetische Wort für *Abhidharma* ist *chö ngönpa* (chos mngon pa). *Chö heißt* in Sanskrit *Dharma,* das Gesetz oder die „Soheit" der Dinge. *Ngönpa* verweist auf etwas Sichtbares oder Wahrnehmbares, etwas, das visuell vorhanden ist. Damit ist ungefähr etwas gemeint, das voraussagbar ist, das man deuten oder dessen Muster man erkennen kann. Man könnte daher sagen, dass *Abhidharma* „das Muster des Dharma" bedeutet. Dharma könnte hier der Dharma des Kochens, der Dharma des Motorradfahrens, jede Art von Dharma sein – nicht der besondere Dharma im Sinne der buddhistischen Lehre. Im Abhidharma wird die wohlig vertraute Qualität des Dharma sehr lebendig dargestellt.

Ich habe gehört, dass die Meditationspraxis in bestimmten buddhistischen Ländern, in denen das Studium des Abhidharma betont wird, weggefallen sei. Liegt eine mögliche Gefahr in den Lehren des Abhidharmapitaka: *dass sie nämlich, wenn man sie in der falschen Weise anwendet, um eine Verbindung zu den Problemen des täglichen Abwaschs herzustellen, zu dem Gedanken führen, man könnte es auch ohne Meditation schaffen?*

Ich glaube, das ist sehr wahrscheinlich, ganz bestimmt. Dieses Problem ist aufgekommen, und es ist in der Tat die Hauptursache für die Verfallserscheinungen des Buddhadharma in der gesamten buddhistischen Welt. Ich habe gehört, dass ein bekannter Gelehrter aus Ceylon gesagt hat, niemand habe in den letzten 500 Jahren Erleuchtung erlangt; es sei aber trotzdem unsere Pflicht, sämtliche Theorien am Leben zu erhalten, so dass es vielleicht eines Tages wieder bei irgendjemandem „Klick" machen könne. Bei buddhistischen Gelehrten, die hauptsächlich die Wissensseite der Lehre betonen, herrscht tatsächlich die grundlegende Vorstellung, es sei gefährlich, mit der Meditation zu beginnen, ehe man die Theorie beherrscht. Dann, wenn man erst einmal alles verstandesmäßig entdeckt hat, wie man vorzugehen hat, worin die dahinterliegende Vorstellung besteht, wenn man erst einmal mit dem Verstand durch alle psychologischen Bilder hindurchgegangen ist, dann braucht man eigentlich nicht mehr zu meditieren, weil man bereits alles weiß. Diese Betrachtungsweise wird begleitet von der Vorstellung Buddhas als einem Super-Gelehrten. Da die Idee des erwachten Geistes oder der Erleuchtung in der Überlieferung vorkommt, müssen diese Gelehrten eine gewisse Ansicht davon haben. In ihrer Deutung ist Erleuchtung nichts anderes, als alles zu wissen. Innerhalb ihrer Denkweise ist der Erleuchtete jemand, der Geographie, Wissenschaft, Psychologie, Geschichte, Philosophie, Soziologie und alles Übrige kennt. Sie glauben, dass jemand, der zehn oder zwölf Doktorgrade hat, wahrscheinlich die Erleuchtung erlangen wird, weil er alle Antworten kennt. Dann würde auch jemand mit einem Doktortitel bereits die teilweise Erleuchtung erreicht haben – wir wissen jedoch, dass sich dies überhaupt nicht so verhält. Die Antwort liegt nicht darin, ein Super-Gelehrter zu sein.

Die kontemplativen Überlieferungen des Buddhismus, so wie die tibetische und die Tradition des Zen, legen sehr starken Nachdruck auf die Praxis und sehen das Studium als etwas an, das Hand in Hand damit gehen sollte. Die Idee des Lernens sieht hierbei so aus, dass es sich um den Vorgang einer neuen Entdeckung, einer neuen wissenschaftlichen Entdeckung handelt, und das ist die tatsächliche Erfahrung. Es ist ein gewaltiger Unterschied, ob wir etwas unter ein Mikroskop legen und es wirklich mit unseren eigenen Augen betrachten, oder ob wir einen Gegenstand bloß analytisch zergliedern. Wir können alles analysieren; wenn uns jedoch die Erfahrung damit fehlt, gibt es auch keine Grundlage für die Analyse. Daher gilt in der kontemplativen Überlieferung die Vorstellung, dass wir eine gewisse Grundschulung in der Meditationspraxis haben sollten – wie einfach diese auch immer sein mag – und dann mit der Arbeit an dem intellektuellen Aspekt beginnen. Auf diese Weise wird die Lehre als eine Bekräftigung von Erfahrung behandelt, anstatt nur ein Informationsspeicher zu sein.

Könnten Sie diese Neigung in uns erklären, dass wir uns mit der Theorie zufriedengeben, anstatt im Hinblick auf die wirkliche Erfahrung freier und offener zu sein?

Ich vermute, dass die hauptsächliche Neigung die Tendenz sein dürfte, das, was wir tun, abzusichern. Die ganze Praxis ist nämlich eine äußerst unsichere Angelegenheit. Man muss akzeptieren, dass man ein Dummkopf gewesen ist, und man muss als ein solcher beginnen. Am Anfang ist beispielsweise der Entschluss, es mit der Meditationspraxis zu versuchen, nichts weiter als die voreilige Schlussfolgerung darüber, was zu tun ist. Und selbst wenn man die Praxis am Anfang ausübt, stellt man sich doch bloß vor, dass man meditiert, anstatt wirklich zu meditieren. Am Anfang beruht die ganze Geschichte auf Verwirrung, und diese Verwirrung wird als Teil des Pfades akzeptiert. Da die Situation sehr locker und ungeordnet ist, verhält es sich so, als ob man einen Sprung in unbekanntes Gebiet wagt. Viele Menschen halten das für sehr erschreckend. Sie wissen nicht genau, womit sie es zu tun haben. Dies ist jedoch die einzige Möglichkeit, um in die Praxis einzusteigen. Dann wird es zu einem Sprungbrett, dass man ein Narr ist. Die Torheit nutzt sich von selbst ab, und das Ding, welches dahinterliegt, schaut allmählich verstohlen hervor. Es ist wie beim Durchlaufen von Schuhen: Ihr eigener Fuß beginnt hinter Ihrem Schuh aufzutauchen.

Dies ist mit einer ziemlichen Angst verbunden, und deshalb wird eine bestimmte Menge an Sicherheit gebraucht. Diese spezielle Antwort beantwortet nicht alle Ihre Fragen über die Sicherheit. Sie verspricht Ihnen eigentlich überhaupt nichts, sie stößt Sie einfach über Bord. Sie zeigt die Situation auf, dass wir Sicherheit brauchen und uns vor jener Situation fürchten. Wenn wir einmal aus jener Besorgnis um Sicherheit heraustreten und dazu bereit sind, roh und ungeschliffen, so persönlich und menschlich zu sein, wie wir sind, dann wird irgendwie eine gewisse Entspannung eintreten. Wir machen die Entdeckung, dass umso mehr zu uns zurückkommt, je mehr wir loslassen, und dass wir nicht die Herrschaft über alles verlieren. Dann entwickelt sich allmählich eine echte Beziehung zu unserer Situation.

Das große Problem besteht darin, dass spirituelle Lehren als ein Werkzeug Verwendung gefunden haben, damit wir uns selbst absichern und einen höheren Grad an Stabilität im Sinne des Ego erreichen. Dieser Ausgangspunkt ist unumgänglich für uns. Wir können ihn weder ignorieren noch wegschieben. Wir müssen mit den Fehlern beginnen – und das ist immer ein Problem. Die Angst und das Bedürfnis nach Sicherheit machen es äußerst schwer, Spontaneität anzunehmen. So wie es im *Dhammapada* heißt: „Derjenige, der weiß, dass er ein Narr ist, ist tatsächlich ein Weiser."

Wir könnten damit beginnen, über den Ursprung aller psychologischen Probleme, die Quelle für den neurotischen Geist zu sprechen. Dies ist die Neigung, sich mit Wünschen und Konflikten zu identifizieren, die in Beziehung zur Außenwelt stehen. Dabei entsteht augenblicklich die Frage, ob derartige Konflikte tatsächlich außerhalb existieren oder ob sie innerlich sind. Diese Unsicherheit verfestigt insgesamt das Gefühl, dass irgendein Problem vorliegt. Was ist wirklich? Was ist unwirklich? Das ist immer unser größtes Problem. Es ist das Problem des Ego.

Der Abhidharma, sein gesamter Inhalt mit allen Einzelheiten, beruht auf der Betrachtungsweise der lchlosigkeit. Wenn wir von lchlosigkeit sprechen, so bedeutet das nicht einfach das Fehlen des Ego an sich. Es bedeutet auch das Fehlen der Projektionen des Ego. lchlosigkeit entsteht mehr oder weniger als ein Nebenprodukt, wenn wir die flüchtige, transparente Natur der Außenwelt sehen. Haben wir uns einmal mit den Projektionen des Ego auseinandergesetzt und ihr vergängliches und transparentes Wesen erkannt, dann hat das Ego keinen Bezugspunkt mehr und kann zu nichts mehr eine Verbindung herstellen. Die Begriffe von innen und außen sind daher voneinander abhängig – das Ego hat einmal angefangen und seine Projektionen haben begonnen. Das Ego hat es mithilfe seiner Projektionen fertiggebracht, seine Identität aufrechtzuerhalten. Wenn wir erkennen können, dass die Projektionen keine wirkliche Substanz haben, dann wird das Ego entsprechend transparent.

Dem Abhidharma zufolge setzt sich das Ego, in einem seiner Aspekte, aus acht Arten des Bewusstseins zusammen. Es gibt die Bewusstseinsarten der sechs Sinnesorgane (das Denken wird als sechster Sinn betrachtet). Dann gibt es eine siebte Bewusstseinsart, deren Wesen Unwissenheit, Umwölkung, Verwirrung ist. Dieser umwölkte Geist verläuft wie eine alles umfassende Struktur durch die sechs Bewusstseinsarten der Sinnesorgane. Jedes Sinnesbewusstsein ist mit dieser wolkenverhangenen Situation verbunden, in welcher wir nicht genau wissen, was wir tun. Die siebte Bewusstseinsart bedeutet ein Fehlen an Genauigkeit. Sie ist sehr blind.

Die achte Bewusstseinsart könnte als der allgemeine Grundboden oder die unbewusste Grundschicht von allem bezeichnet werden. Sie ist der Grundboden, der das Wirken aller übrigen sieben Bewusstseinsarten ermöglicht. Dieser Boden unterscheidet sich von dem grundlegenden Fundament, wovon ich manchmal gesprochen habe; dieses ist der Hintergrund der gesamten Existenz und umfasst Samsara wie Nirvana gleichermaßen. Die achte Bewusstseinsart ist nicht so fundamental wie jener Untergrund. Sie ist so etwas wie eine sekundäre Grundebene, auf welcher die Verwirrung bereits begonnen hat, und ebendiese Verwirrung versorgt die anderen sieben Bewusstseinsarten mit der Möglichkeit, wirksam zu werden.

Es gibt einen Evolutionsprozess, der mit dieser unbewussten Grundschicht, dem achten Bewusstsein, anfängt. Daraus entstehen das umwölkte Bewusstsein und danach die sechs Bewusstseinsarten der Sinnesorgane. Auch die sechs Sinne entwickeln sich in einer bestimmten Reihenfolge, die dem jeweiligen Grad an Erfahrungstiefe entspricht. Die höchste Intensität wird mit dem Gesichtssinn erreicht, der sich zuletzt entwickelt.

Diese acht Bewusstseinsarten können auf der Ebene des ersten der fünf Skandhas, der Form, betrachtet werden. Sie bilden die Form des Ego, seinen greifbaren Aspekt. Sie machen das letztlich mit dem Grund verbindende Element des Ego aus – so weit das Ego überhaupt Grund fasst, und das geht nicht allzu weit. Von einem relativen Standpunkt aus betrachtet umfassen sie jedoch etwas fest Bestimmtes, etwas klar Umrissenes.

Ich glaube, damit dies in die rechte Perspektive gerückt wird, wäre es gut – obgleich die Lehre des Abhidharma nicht sehr viel darüber aussagt –, kurz über den alles durchdringenden Untergrund zu sprechen, den wir der achten Bewusstseinsart gerade gegenübergestellt haben. Dieser Untergrund existiert vollkommen unabhängig von relativen Gegebenheiten. Er ist natürliches Sein, das einfach da ist. Aus dieser Grundschicht heraus treten Energieformen in Erscheinung, und diese Energien sind die Quelle für die Entstehung relativer Situationen. Funken von Dualität, Erfahrungstiefe und Schärfe, Blitze von Weisheit und Wissen – alle möglichen Dinge kommen aus dieser Grundschicht hervor. Sie ist daher der Ursprung für die Verwirrung und ebenso die Quelle für die Befreiung. Befreiung und Verwirrung sind beide gleichermaßen jene Energie, die sich unaufhörlich ereignet, die Funken aussendet und dann in ihre eigentliche Natur zurückkehrt – so wie nach der Beschreibung von Milarepa die Wolken, die aus dem Himmel auftauchen und wieder in ihn zurück verschwinden.

Der Untergrund für das Ego, die achte Art des Bewusstseins, entsteht, wenn die Energie, die aus der eigentlichen Grundschicht blitzartig ausstrahlt, eine blind machende Wirkung zur Folge hat – Verwirrung. Diese Verwirrung wird zur achten Bewusstseinsart, zum Untergrund für das Ego. Herbert Guenther nennt dies „Verwirrungs-Irrtum". Dieser Irrtum entsteht aus der Verwirrung heraus, es ist eine Art von Panik. Würde die Energie mit ihrem eigenen Geschwindigkeitsablauf mitkommen, so gäbe es keine Panik. Es ist so ähnlich, wenn man schnell mit einem Auto fährt: Wenn man sich im Einklang mit der Geschwindigkeit befindet, kann man demzufolge geschickt lenken; wenn man sich jedoch plötzlich durch den Gedanken in Panik versetzt, dass man zu schnell gefahren ist, ohne es zu bemerken, tritt man voll auf die Bremsen und hat wahrscheinlich einen Unfall. Plötzlich gefriert etwas zu Eis und bringt die Verwirrung mit sich, dass man nicht mehr weiß, wie die Situation zu lenken ist. Dann wird man tatsächlich von der Situation übernommen. Anstatt einfach vollkommen eins mit der Situation zu sein, übernimmt uns die Projektion. Dann kehrt die unerwartete Kraft der Projektion als unser eigenes Handeln zu uns zurück, was eine außerordentlich starke und eindrucksvolle Verwirrung entstehen lässt. Diese Verwirrung dient als Grundschicht, als sekundärer Untergrund des Ego, fern von der ursprünglichen Grundschicht.

Das Ego ist daher das letztlich Relative, die Quelle aller relativen Vorstellungen in der gesamten samsarischen Welt. Ohne Ego kann man keine unterscheidenden Kriterien und Begriffe haben. Die Dinge beginnen mit dem Eindruck des Ego von der Relativität. Selbst das Nirvana findet auf diese Weise seinen Anfang. Als das Ego begonnen hat, hat auch das Nirvana, die andere Seite der gleichen Münze, begonnen. Ohne Ego könnte es so etwas wie Nirvana oder Befreiung nicht geben, denn dann würde ein freier Zustand ohne Relativität vorliegen. Wenn sich daher das Ego entwickelt, treten auch Freiheit und Gefangenschaft in Erscheinung, und diese relative Gegebenheit trägt die grundlegende Qualität von Unwissenheit in sich.

Der Abhidharma sagt nicht sehr viel aus über Unwissenheit in dem grundsätzlichen Sinne, sich selbst nicht zu kennen; das Verständnis davon fügt der Lehre von den acht Arten des Bewusstseins jedoch eine weitere Dimension hinzu. Ist erst einmal Verwirrung vorhanden, dann will man mit einem nochmaligen Hinschauen herausfinden, wo man war, was man ist, wo man sich gerade befindet. Es liegt jedoch in der Natur der Verwirrung, dass man nicht zurückgehen und seine eigentliche Situation herausbekommen will; man möchte nicht alles ungeschehen machen und zurückgehen. Da man mit dieser Verwirrung etwas erschaffen hat, wovon man Besitz ergreifen kann, möchte man die Fallgeschichte, die insgesamt dazu geführt hat, nicht zur Kenntnis nehmen, möchte sie ignorieren. Man möchte aus dem gegenwärtigen Augenblick das Beste machen und sich daran festhalten. Genau dies ist Ignorieren: die Weigerung zurückzugehen, weil es zu schmerzlich, zu erschreckend ist. „Unwissenheit ist höchste Seligkeit“ heißt es denn auch. Das Ignorieren von Ignoranz, von Unwissenheit ist höchste Seligkeit – zumindest vom Standpunkt des Ego aus betrachtet.

Dieses Verständnis von Unwissenheit kommt aus der Mahamudra-Lehre der Überlieferung des Vajrayana. Der Unterschied zwischen den Lehren des Abhidharma und der grundlegenden Sutras über die Unwissenheit und der wagemutiger und direkter vorgehenden Mahamudra-Lehre besteht darin, dass die Belehrungen der Sutras und des Abhidharma von Unwissenheit als einem eingleisigen Prozess sprechen: Verwirrung, der Wunsch, nach etwas zu greifen, die Bewusstseinsarten der sechs Sinnesorgane entwickeln sich, und die Unwissenheit übernimmt die Situation. In den Lehren des Vajrayana wird Unwissenheit jedoch nicht nur vom Blickwinkel der Entwicklung des Ego aus betrachtet, sondern sie enthält auch die potentielle Möglichkeit für Weisheit in sich. Dies findet in den weniger entwickelten Lehren keinerlei Erwähnung. Innerhalb der acht Arten des Bewusstseins, das Bewusstsein der sechs Sinnesorgane eingeschlossen, gibt es tatsächlich die Möglichkeit, Unwissenheit in Weisheit zu verwandeln. Darin liegt der springende Punkt, denn Weisheit kann nicht aus der Theorie entstehen, sie muss aus unserem tatsächlichen Geisteszustand geboren werden, der die Arbeitsgrundlage für die gesamte spirituelle Praxis ist.

Die Weisheit, mit Situationen so umzugehen, wie sie sind – und genau dies bedeutet Weisheit –, schließt eine außerordentliche Genauigkeit ein; diese kann nirgendwo anders herkommen als von den körperbezogenen Situationen des Sehens, Riechens, Fühlens, der greifbaren Gegenstände und Klänge. Die erdverbundene Situation tatsächlicher Dinge, so wie sie sind, ist die Quelle für Weisheit. Sie können völlig eins werden mit einem Geruch, mit einem Anblick, mit einem Klang, und Ihr Wissen *darüber* existiert nicht länger. Ihr Wissen wird zur Weisheit. Man braucht keinen äußerlichen Bildungsprozess, damit man etwas über die Dinge erfährt. Man wird vollkommen eins mit ihnen, es findet eine vollkommene Aufnahme von Klängen, Gerüchen, Objekten des Sehens usw. statt. Diese Betrachtungsweise ist das Kernstück des Mandala-Prinzips aus den Lehren des Vajrayana. Gleichzeitig hat die große Bedeutung, welche den Bewusstseinsarten der sechs Sinnesorgane im Abhidharma gegeben wird, eine ähnlich konkrete Bedeutsamkeit in ihrer Anwendung auf die Meditationspraxis und die Möglichkeit für den Menschen, eine Beziehung zu seinen Erfahrungen herzustellen. Beide Ebenen der Lehre legen starken Nachdruck auf die direkte Verbindung mit dem erdverbundenen Aspekt von Erfahrung.

FRAGE: *Können Sie mehr darüber sagen, wie die sechs Sinnesorgane mit der Meditation verknüpft sind?*

ANTWORT: In der Lehre des Abhidharma liegt die enge Verbindung der sechs Sinnesorgane mit der Meditationspraxis in der Identifikation mit Klängen, greifbaren Gegenständen, Gefühlen, dem Atem usw. Die einzige Methode, eine richtige Meditationstechnik zu entwickeln, besteht darin, etwas Gewöhnliches aufzugreifen und damit zu arbeiten. Wenn Sie nicht etwas Einfaches nehmen, wird der gesamte Geisteszustand während Ihrer Meditation in dem Widerspruch gegründet sein, was nun wirklich ist und was nicht, und in Ihrer Beziehung dazu. Dies bringt alle möglichen Komplikationen mit sich, und man beginnt, diese Komplikationen als psychologische Probleme, als neurotische Probleme auszulegen und so etwas wie eine paranoide Geistesverfassung zu entwickeln, wobei das, was abläuft, viel mehr darstellt als das tatsächlich Vorhandene. Am Anfang steht daher die Vorstellung, auf einer praktischen Ebene eine Beziehung zur Nicht-Dualität herzustellen und aus diesen paranoiden Widersprüchen herauszukommen, wer in uns nun wen unter Kontrolle hat. Wir sollten uns ganz einfach auf tatsächlich vorhandene Dinge, auf Anblicke oder Klänge einlassen, so wie sie sind. Ein grundlegender Bestandteil der meditativen Überlieferung ist der Gebrauch der Sinneswahrnehmungen als eine Methode, um eine Beziehung mit der Erde herzustellen. Sie sind so etwas wie Vermittler für die Beschäftigung mit der Erde. Sie schließen weder Gutes noch Böses in sich ein, sie haben weder zur Spiritualität noch zu Samsara noch zu sonst irgendetwas eine Verbindung – sie sind ganz einfach neutral.

Unwissenheit scheint zu verschiedenen Zeitpunkten eine unterschiedliche Wertigkeit anzunehmen, wenn ich das richtig verstanden habe. Könnten Sie das näher erklären?

Unwissenheit ist ein Evolutionsprozess. Sie tritt sozusagen nicht als eine große Ladung auf, sondern entwickelt sich und wächst wie eine Pflanze. Man hat ein Samenkorn und dann den Dünger; darauf wächst und blüht sie schließlich. Der Anfangspunkt für diese Unwissenheit ist Verwirrung, ist Panik, so wie wir es genannt haben. Es handelt sich um die am tiefsten gehende Panik, die nicht einmal Angst enthält. Es ist einfach die reine Form der Panik, welche die Angst überschreitet. In diesem Sinne ist sie sehr meditativ, fast spirituell – eine spirituelle Form von Versenkung. Sie ist derart tiefgründig und kommt geradewegs aus den Tiefen unseres innersten Seins. Sie ist grundlegend, neutral und hat keinerlei Begriffe oder Gedanken. Nichts als Panik, vollkommen rein, die hundertprozentige Panik. Daraus entwickelt sich die Umwölkung als eine Nachwirkung. So ist es, wenn man einen Stoß bekommt und es einem danach schwindelig wird.

Wenn Sie von den „Dingen, so wie sie sind", sprechen, meinen Sie dann das völlige Fehlen von Projektionen? Ist es zumindest theoretisch möglich, Dinge ohne Projektionen zu erfahren? Ich frage aus dem folgenden Grund: Wenn die Erfahrung von Dingen, so wie sie sind, eine überwältigende Qualität hat, dann wäre doch dieses Gefühl von Überwältigtsein auch eine Projektion, oder?

Es ist ganz bestimmt möglich, Dinge ohne Projektionen zu erfahren, denn die Dinge, so wie sie sind, würden nicht überwältigen. Das ist dualistisch. Es gäbe keine Qualität von Überwältigtsein, denn Überwältigtsein bedeutet: „Wer hat nun die Kontrolle über wen?" Die Frage des Überwältigtseins taucht daher überhaupt nicht auf.

Es ist sehr, sehr einfach, die Dinge so zu sehen, wie sie sind. Weil es so einfach ist, ist es farbenfroh und ganz exakt. Es hat nichts mit einem Spiel zu tun, und deshalb ist es umso genauer und klarer. Es bedarf keiner relativen Hilfsmittel und verlangt nach keinerlei Vergleichen. Aus diesem Grunde wird die individuelle Eigenart der Dinge dann viel genauer wahrgenommen – weil es nämlich keine Notwendigkeit gibt, irgendetwas mit etwas anderem zu vergleichen. Man erkennt den Wert jeder Situation in ihrer eigenen Berechtigung, so wie sie ist.

Spielt der Schüler des Abhidharma dann nicht immer ein Spiel, wenn er mithilfe des Intellekts eine nicht-dualistische Betrachtungsweise voraussetzt und diese dann dazu verwendet, um sich tatsächlich durch die Dualität zu arbeiten?

Das ist beim Abhidharma nicht so sehr der Fall. Ich würde meinen, das trifft mehr zu für die Arbeit mit dem Shunyata-Prinzip nach der Schule des Mittleren Weges oder Madhyamaka im Buddhismus. Diese Philosophie hat sich nach dem Abhidharma entwickelt. Ein weiteres Beispiel wäre die Übung des Koan in der Rinzai-Tradition des Zen, wobei die Meditation den Versuch einschließt, eine gewisse Form der Logik anzuwenden, die offensichtlich unlogisch ist. Sie *ist* jedoch eine Logik eigener Art, weil sie unlogisch ist. Wenn das Koan immer wieder und wieder verwendet wird, erschöpft sich das Gewohnheitsdenken des Geistes und bringt dich irgendwie von der geraden Straße herunter. Plötzlich wird die Erfahrung gemacht, wie vergeblich und kindisch der Versuch ist, die gewöhnliche Logik weiter anzuwenden – und an diesem Punkt tritt dann die Lücke oder *Satori* auf. In diesem Fall wird eine Form von Logik der Nicht-Dualität dualistisch genutzt, damit der Dualismus aufgehoben wird.

Andererseits stellt der Abhidharma lediglich eine erste Vorstellung vom Grundmuster der Dualität dar. Es verhält sich so wie bei einer Philosophie über die Meditation. Wenn das psychologische Muster erklärt wird, so sagt es aus, warum Meditation wirksam ist.

Ist im Hinblick auf die acht Bewusstseinsarten der Versuch sinnvoll, die direkte Erfahrung einer einzigen von ihnen unabhängig von den übrigen zu machen, oder ist es zu abstrakt, diese Methode in Angriff zu nehmen?

Ich glaube, dass sie allzu abstrakt ist. Sie können sich nicht mit ihnen auseinandersetzen, wenn Sie jede einzelne für sich nehmen. Genauso verhält es sich, wenn Sie einen Menschen betrachten: Wenn Sie einen Menschen unter dem Gesichtspunkt anschauen, wie dick oder dünn er ist, können Sie es doch nicht unterlassen, auch den Kopf und die Zehen jenes Menschen wahrzunehmen und welche Kleider er trägt. Wenn Sie daher in der praktischen Erfahrung von einem Blickwinkel aus schauen, dann sehen Sie das Übrige genauso. Erleben wir einmal ein Sinnesbewusstsein, dann schafft dasjenige, was diesem besonderen Sinnesbewusstsein die Bewusstseinsqualität vermittelt, die Verbindung zu den übrigen. Jedes Sinnesbewusstsein umfasst bis zu einem gewissen Grade das Gesamtbild. Es kann nur das sein, was es durch die Verbindung zu einem bestimmten Hintergrund ist; es muss einige Luft atmen, damit es überleben kann. Ebenso verhält es sich bei einer wachsenden Blume: Wenn Sie die Blume sehen, dann sehen Sie auch den Boden, aus dem sie herauswächst.

Befindet sich unsere gesamte Erfahrung innerhalb der grundlegenden Unwissenheit, innerhalb des achten Bewusstseins, Weisheit oder höhere Meditationszustände mit eingeschlossen?

Ja. Genau aus diesem Grunde ist die ganze Sache vielversprechend, genau deshalb ist es der Mühe wert, unseren Geisteszustand zu betrachten.

Dann löschen höhere Meditationszustände also zum Beispiel die sechs Sinne nicht aus?

Nein, überhaupt nicht. Natürlich nicht. In der Tat wird das Bewusstsein der sechs Sinnesorgane verstärkt. Wenn wir Meditation so betrachten, als würden wir in einen Nebel hineingeraten, so dass wir nichts mehr sehen und nichts mehr fühlen, dann läuft etwas völlig falsch. In diesem Falle würde uns die Meditation auf einen Zombie reduzieren. Der erleuchtete Mensch müsste betreut werden. Jemand müsste ihn füttern und ins Badezimmer führen. Wir müssten einen Erleuchtungswärter halten.

Rinpoche, Sie haben von Unwissenheit gesprochen als der mangelnden Bereitschaft zurückzugehen. Welcher Weg führt zurück? Ist es Meditation?

Wir sind nicht dazu bereit, die Spur bis dorthin zurückzuverfolgen, wo wir unwissend geworden sind. In Wirklichkeit können wir jedoch nicht buchstäblich zurückgehen. Wir müssen nicht wirklich zurückgehen. Stattdessen entdecken wir durch den Vorgang, wenn wir tiefer in die gegenwärtige Situation eindringen, dasjenige, was wir einmal gewesen sind. Das ist der Unterschied zwischen einer intuitiven und einer intellektuellen Herangehensweise. Sie können verstandesmäßig zurückgehen, aber das hilft nicht; Sie bleiben bei der gleichen Betrachtungsweise hängen. Die Grundidee ist folgende: Wenn Sie das erkennen können, was Sie im gegenwärtigen Augenblick sind, dann brauchen Sie nicht versuchen, zurückzugehen. Das, was Sie in diesem Augenblick sind, enthält die gesamte Botschaft dessen, was Sie gewesen sind. Ihre gegenwärtige Situation zu kennen und ihrer Bewegung zu folgen, eine Identifikation mit den besonderen Sinneserfahrungen des Sehens, des Riechens usw. herzustellen, ist eigentlich die Praxis von Nicht-Dualität in der Meditation. Es ist nichts weiter als die Erfahrung ihrer Einfachheit.

Ich verstehe den ersten Skandha nicht. Er scheint grundlegender zu sein als die Erfahrung an sich, wenn er grundlegender als der zweite und dritte Skandha von Gefühl und Wahrnehmung und als die übrigen ist.

Ja, der erste Skandha der Form ist grundlegend. Gefühl und Wahrnehmung und die übrigen Skandhas bauen auf dieser grundlegenden Sache auf. Sie sind sozusagen verschiedene Arten von Attributen der Form, die sich um diese herum anordnen.

Gibt es irgendeine Aktivität innerhalb jenes Bereichs der Form? Es scheint mir, als ob die hauptsächlichen Aktivitäten, deren Erfahrung ich machen kann, mit dem Gefühl beginnen.

Nein, dasjenige, wovon Sie sprechen, könnte als „Oberflächenerfahrung“ bezeichnet werden. Die grundlegende Erfahrung beginnt mit der Relativität, mit vergleichenden Begriffen, und das bedeutet: mit dem Ego und seinen Projektionen. Sie können nichts erfahren, ohne jemanden zu haben, der es erfährt, und das ist der Ausgangspunkt. Dieser Jemand ist eine unbekannte Person; es gibt jedoch ein gutes Gefühl, die Erfahrung zu machen. Das ist die Unwissenheit und das Ego.

Der erste Schritt besteht also darin, dem einen Namen zu geben und es zu etikettieren, damit wir die Erfahrung selbst machen können.

Ja, ja – unsere eigene Position, der Ausgangspunkt für den Vergleich.

Was ist ein Skandha?

Skandha heißt „Haufen“. Es ist eine Ansammlung, eine Anhäufung. Das bedeutet, es handelt sich nicht um einen unabhängig existierenden, bestimmten Gegenstand wie einen Ziegelstein, sondern um eine Sammlung zahlreicher kleiner Einzelheiten und Aspekte verschiedenartiger psychologischer Neigungen. Beispielsweise ist der zweite Skandha, Gefühl, nicht fest umrissen, nicht *ein* bestimmtes Gefühl. Er umfasst alle möglichen Gefühle. Mit dem dritten Skandha, Wahrnehmung, ist es dasselbe – auch er ist eine Ansammlung. Das Ego ist daher aus einer Menge von Partikeln zusammengesetzt, anstatt eine festgelegte Sache zu sein, die unaufhörlich weiterbesteht.

Sie sagen, dass sich das Bewusstsein der sechs Sinnesorgane im ersten Skandha, dem Skandha der Form, befindet. Wenn jemand, vom gewöhnlichen Verständnis aus, über die Sinnesorgane spricht, dann spricht er bereits über die Wahrnehmung. Trotzdem ist die Wahrnehmung der dritte Skandha.

Die Sinnesorgane sind mit der Wahrnehmung verbunden; zu der eigentlichen Wahrnehmung gehört jedoch mehr das Zugreifen und Festhalten. Die reinen Sinne allein sind sehr einfach, fast mechanisch.

Könnten Sie uns an einem konkreten Beispiel zeigen, wie die Skandhas – Form, Gefühl, Wahrnehmung usw. – zur Geltung kommen? Etwas Einfaches, wenn ich ein Auto sehe beispielsweise.

Der Vorgang, der hier stattfindet, ereignet sich während des Bruchteils einer Bewusstseinseinheit, die etwa ein Fünfhundertstel einer Sekunde andauert. Zuerst haben Sie einen Eindruck von etwas. Es ist inhaltslos und nicht festgelegt. Dann versuchen Sie, sich darauf als *etwas* zu beziehen; sämtliche Namen, die Ihnen beigebracht worden sind, fallen Ihnen wieder ein, und Sie versehen dieses Ding mit einem Etikett. Sie prägen ihm diese Aufschrift ein, und damit kennen Sie Ihr Verhältnis dazu. Sie mögen es oder mögen es nicht, was von Ihrer Assoziation mit der Vergangenheit abhängt.

Dieses allererste unbeschriebene Blatt nun, welches ein Millionstel einer Sekunde andauern mag, ist die meditative Erfahrung des ursprünglichen Grundes. Im nächsten Augenblick entsteht dann eine Frage: Sie wissen nicht, wer und was Sie sind und wo Sie sich befinden. Der nächste Augenblick bringt dann die undeutliche Vorstellung, irgendeine Beziehung herzustellen. Danach senden Sie augenblicklich Ihre Nachricht zurück zu Ihrem Gedächtnis, zu den Assoziationen, die Ihnen beigebracht worden sind. Sie finden die besondere Kategorie oder das besondere Etikett, das Sie gelehrt wurden, und Sie prägen es sich ein. Damit haben Sie sofort Ihre Taktik entwickelt, wie Sie aufgrund von Neigung oder Abneigung eine Beziehung dazu herstellen. Dieser ganze Vorgang läuft sehr rasch ab. Er schlägt wie ein Blitz ein.

Sind alle fünf Skandhas darin enthalten?

Auch wenn ich sie nicht alle beschrieben habe, sind alle fünf mit dabei.

Könnten Sie mehr über den umwölkten Geist und den Unterschied zwischen dem achten und siebten Bewusstsein und den Bewusstseinsarten der sechs Sinnesorgane sagen?

Wir beginnen mit dem achten Bewusstsein, dem Hintergrund; das siebte ist dann so etwas wie der Weg, eine Verbindung zwischen dem achten Bewusstsein und dem Bewusstsein der sechs Sinnesorgane herzustellen. Diese Art des Bezugs ist jedoch recht ziellos, weil Sie keinerlei Richtungssinn mehr haben und nicht wissen, wie Sie vorwärtskommen. Es stößt Ihnen einfach zu, ob nun zuerst das Sehen kommt, das Riechen oder das Schmecken. Sie sind empfindungslos und kriechen einfach weiter. Das siebte Bewusstsein ist intelligenter als das achte, die grundlegende Unwissenheit, aber auch hier wandeln Sie noch im Schlaf, sind fast aufgewacht, jedoch noch nicht gänzlich.

Verhält es sich damit so, als wenn wir feststellen, dass wir durch den Garten wandern und nicht bemerkt hatten, dass wir uns dort aufhielten? Wir haben etwas getan, ohne es zu bemerken?

Ja, es ist tatsächlich so umschrieben worden. Es ist das unterbewusste Gefühl von einer möglichen Verbindung mit den Sinnesorganen, aber das haben wir bislang noch nicht richtig ausgearbeitet. Dies ereignet sich ebenso inmitten von sehr genau hervortretenden Situationen. Es muss sich überhaupt nicht um einen Traumzustand handeln. Fast wird in diesen Fällen der Einschlag der ersten Verwirrung wieder zum Leben erweckt. Es hat jedoch immer noch einen träumerischen Anflug und das Bewusstseinspotential der sechs Sinnesorgane in sich. Wir durchwandern so etwas wie ein Niemandsland.

Wird dieser Zustand durch ein Spannungsgefühl zwischen Gegensätzen gekennzeichnet, so als wenn man sich eine Minute lang nicht zwischen süß und bitter entscheiden kann? Man schwankt zwischen den beiden hin und her, bis man erkennt, dass der Geschmack einfach das ist, was er ist?

Das klingt so, als hätten Sie bereits das Sinnesbewusstsein erreicht. Am Anfang sind Sie jedoch nicht sicher, Sie tasten bloß um es herum. Das siebte Bewusstsein hat damit zu tun, dass Sie sich etwas in den Mund stecken. Auf der Ebene der sechs Sinnesorgane kauen und schmecken Sie es dann.

GEFÜHL

Wir sollten vielleicht zu der nächsten Stufe weitergehen – dem zweiten Skandha, Gefühl. Gefühl setzt sich aus dem Angenehmen und dem Schmerzvollen zusammen. In der gewöhnlichen Psychologie von Menschen werden angenehme Erfahrungen auf etwas Positives und Schöpferisches, schmerzvolle Erfahrungen auf etwas Negatives und Zerstörerisches bezogen. Diese Entwicklung, eine Verbindung zu den Dingen im Sinne einer positiven oder negativen Bewertung herzustellen, ist eine Erweiterung der grundlegenden Ego-Struktur, wie sie durch die Form, den ersten Skandha, angelegt worden ist. Nachdem wir bereits die Grundform haben, etwas Festgelegtes und Kompaktes, woran wir uns festhalten können, gehen wir etwas darüber hinaus bis zu dem Versuch, jene Form als Freund oder Feind, als feindselig oder einladend zu identifizieren. Das bewirkt, dass sich alles sogar noch weiter verfestigt zu etwas, das die Position des Ego unmittelbar bestimmt. Die Form liefert einen Hintergrund, der sich aus unvollkommenen Namen und Begriffen zusammensetzt: einerseits das Positive, ein gutes Gefühl, Rechtschaffenheit, Sauberkeit, Schönheit, Kraft usw., andererseits das Negative, Schmerzvolle, Üble, Schmutzige, Zerstörerische usw. Das Erste wird mit Geburt, das Zweite mit Tod verbunden. Diese dualistischen Begriffe – oder andere wie heiß und kalt – sind der Ausgangspunkt für Gefühl. Gefühl im Sinne des zweiten Skandha kann unabhängig von ihnen nicht wirksam werden.

In diesem Zusammenhang ist Gefühl etwas weitaus Grundlegenderes als bloß eine reine Sinnesempfindung. Auf der Basis dieses grundlegenden Dualismus von Gefühl entwickeln sich alle möglichen Begriffe. Grundsätzlich hat Gefühl ein positives oder negatives Wesen, aber es kennt auch die dritte Möglichkeit der Gleichgültigkeit.

Das positive und negative Element des Gefühls arbeitet sich mittels der Situation von Geist/Körper heraus. Gefühl festigt sich mithilfe dieser beiden Erfahrungsbereiche. Zum Geist stellt es eine Verbindung in Form von Emotionen her, zum Körper als ein Bündel von Instinkten und Dingen, des Bezuges zum Wesen der Dinge. Das Verständnis der Geist/Körper-Struktur von Gefühl ist sehr wesentlich in Verbindung mit Meditation. Wir können entweder mithilfe des Intellekts oder der Intuition meditieren. Die Meditation auf der intellektuellen Ebene beschäftigt sich mit der geistigen Seite von Geist/Körper; sie beruht sehr stark auf der Vorstellungskraft. Die intuitiv verfahrende Meditation beschäftigt sich mit der körperlichen Ebene von Gefühl, besonders mit den Wahrnehmungen des Körpers: angenehme Erfahrungen, Schmerz in den Beinen, heiße und kalte Temperatur im Raum usw.

Der Geist ist die gefühlsmäßige Eigenschaft, die sich etwas vorstellt oder träumt, und in diesem Falle ist auch der Körper eine Geistesqualität. Das heißt, im Gefühl erfahren wir den Körper nicht so, wie er ist. Wir erfahren *unsere Version* des Körpers. Schon an diesem Punkt wird die grundsätzliche Betrachtungsweise des Ego wirksam, die auf vergleichenden Kriterien, auf der klaren Trennung zwischen diesem und jenem beruht. Diese grundlegende Verdrehung ist schon mit dem ersten Skandha, der Form, da. Der ungehindert offene Raum der Dinge, so wie sie sind, ist bereits zu dem Zeitpunkt verzerrt, wenn wir zum Gefühl kommen. Wir können mit dieser Situation ohnehin nicht anders verfahren als ahnungslose Menschen, die mit etwas konfrontiert werden, das bereits geschehen ist. Von einem grundlegenden Standpunkt aus betrachtet ist diese ganze Einbeziehung des Gefühls sehr kindlich. Wenn wir es wirklich wahrnehmen, erkennen wir es grundsätzlich als Täuschung.

Wenn wir von Gefühl sprechen, denken wir gewöhnlich im Sinne eines Gefühls gegenüber jemand anderem: Sie verlieben sich in jemanden, Sie sind jemandem böse. Innerhalb dieser Vorstellungswelt ist der andere Mensch überaus wichtig und Sie selbst sind unbedeutend. Andererseits fühlen Sie sich zurückgesetzt oder möchten geliebt werden. In diesem Falle sind Sie überaus wichtig und die anderen sind unbedeutend. Gefühl verursacht jenes introvertierte-extrovertierte Spiel, sich selbst durch die Widerspiegelung des „anderen" wichtig zu machen. In Wirklichkeit ist alles dies sehr vage. Tatsächlich ist niemand davon betroffen außer Ihnen selbst. Sie sind allein und Sie selbst sind es, der das ganze Spiel ersinnt.

Daher enthüllt das Verständnis von Gefühl sehr viel über Ihre Beziehung zu den Dingen. Gefühl schließt die Vorspiegelung ein, dass Sie mit jemand anderem zu tun haben; tatsächlich rennen Sie jedoch nur mit dem Kopf gegen eine Wand. Sie suchen ständig weiter und glauben dabei, dass Sie irgendwo hingelangen werden, doch letzten Endes rennen Sie nur immer gegen eine Wand. Auf die Suche des Gefühls gibt es keine Antwort, dafür gibt es keinen Erlöser.

Der Buddhadharma ist darum eine atheistische Lehre. Wir müssen akzeptieren, dass unsere Reise einsam ist. Die Beschäftigung mit dem zweiten Skandha des Gefühls kann eine außerordentlich wichtige Hilfe für uns sein, damit wir erkennen, dass die ganze Reise allein und unabhängig von jemand anderem zurückgelegt werden muss. Dennoch versuchen wir fortwährend, gegen etwas anzurennen.

Um zur Geist/Körper-Entwicklung von Gefühl zurückzukehren, der geistige Aspekt dabei versorgt mit außerordentlich starken Hilfsmitteln für diesen trügerischen Vorgang, mit unerschöpflichen Quellen für den Traum und die Einbildung. Das lässt sich bis zu der Situation ausweiten, solche Drogen wie LSD und andere zu nehmen, die alle möglichen, scheinbar visionären und schöpferischen Erfahrungen hervorrufen können. Wir können Erfahrungen erzeugen, wie sich visuelle Wahrnehmung, Geruch und Klang ständig weiter entfalten, und diese sind so wunderschön wie eine Blume, die sich unaufhörlich weiter öffnet. Diese Art von Gefühl auf der Geistesebene – in alltäglichen Situationen, bei der Drogenerfahrung, in der Meditation – sorgt mit vielerlei Gelegenheiten für das Festhalten am spirituellen Materialismus. Spiritueller Materialismus bedeutet, dass wir eine Verbindung zu Erfahrungen entsprechend ihres möglichen Nutzens für das Ego eingehen, und das ist eine Eigenschaft sämtlicher Skandhas. Spiritueller Materialismus neigt dazu, dass er alles, was mit Spiritualität zu tun hat, mit einer Traumwelt oder einem Himmel, mit etwas verbindet, das nichts mit der körperhaften Situation zu tun hat, das den Alltagskram auf der Ebene des Abwaschs völlig umgehen will.

Der körperliche Aspekt von Gefühl steht in Zusammenhang mit der tatsächlichen Beziehung zu den Dingen. Dieses Element wird im nächsten Skandha, der Wahrnehmung, noch weitaus deutlicher, worüber wir später sprechen wollen. Diese Erfahrung der tatsächlich vorhandenen Dinge, des Wesens der Dinge, ihrer Festigkeit und Stabilität ist – wie ich bereits erwähnt habe – nicht die Festigkeit und Stabilität, so wie sie ist, sondern unsere Version davon. Wir *glauben,* es sei fest, wir *glauben,* es sei ein Ding. Die Beziehung zu diesem körperhaften Aspekt von Gefühl ist in spiritueller Hinsicht jedoch sehr herausfordernd und offen.

Nehmen wir einmal an, dass wir plötzlich krank werden und Schmerz in unserem Körper empfinden. Der Körper ist ein Gebilde, das sich aus allen möglichen Dingen zusammensetzt. Der Schmerz in uns lässt uns daher eine Verbindung zu der tatsächlichen Wirklichkeit empfinden, anstatt dass wir uns nur etwas jenseits davon vorstellen. Natürlich besteht in dieser Art von Situation immer die Wahrscheinlichkeit, dass sich irgendjemand an unser Bett setzen und uns Gebete darüber vorlesen wird, wie schön doch das Jenseits wäre, wenn wir nur über diese schmachvolle grobe Situation des Körpers hinausgelangen könnten. Während dieser Mensch von den Schönheiten des Himmels und der Spiritualität spricht, hegt er die Hoffnung, dass er uns damit berauscht und unseren Geist aus dem körperlichen Schmerzzustand herauslöst. Das klappt jedoch nicht. Befinden wir uns einmal in der Vorstellungswelt, in der wir uns ausmalen können, wie herrlich der Zustand-jenseits-des-Körpers sein könnte, dann sind wir auch mit der Vorstellung verbunden, wie schrecklich der Schmerz werden könnte. Wir verlieren uns in einer Welt des Wunschdenkens oder unerwünschter Gedanken. Irgendwie geht es viel mehr in die Richtung dessen, was ist, wenn wir eine direkte Beziehung zu dem körperlichen Aspekt von Gefühl herstellen.

FRAGE: *Das verstehe ich wirklich nicht. Zuerst haben Sie gesagt, dass das Gefühl nur selbstständig wirksam werden kann, wenn es Begriffe hat, womit es arbeiten und worauf es sich beziehen kann. Genau im Anschluss daran, als Sie Geist und Körper erwähnten, dachte ich gleich, dass dies die Begriffe sind, worauf das Gefühl sich bezieht, damit es selbstständig sein kann. Stimmt das?*

ANTWORT: Nun, das Gefühl trifft auf den Begriff, doch wenn das geschieht, wird diese ganze Bewegung verwirrend und der Begriff ist nicht mehr anwendbar. Tatsächlich geschehen Schmerz und Freude einfach, sie sind losgelöst vom zweiten Skandha. Sie haben überhaupt nichts mit Vorstellungen oder Begriffen zu tun. Schmerz und Freude brauchen mit nichts verglichen zu werden, beide könnten selbstständig auftreten. Wir können es uns leisten, Schmerz und Freude ohne Gefühl zu erleben. Viele Menschen dürften es als ausgesprochen dämonisch empfinden, dass man diese Erfahrung, wenn keine Verbindungsfäden daran festgemacht werden, wenn Gefühl nicht mit Begriffen verknüpft werden muss, in Form von Zerstörung erlebt oder dass Menschen Schaden zugefügt wird. Diese Angst vonseiten der Menschen vor ihrem eigenen dämonischen Aspekt kommt daher, dass sie sich vor einer unbekannten Situation fürchten. Weil sie nicht seine andere Seite wahrgenommen haben, haben sie Angst vor diesem offenen Raum, der ohne Hoffnung oder Furcht ist. Erhaschen sie einmal einen flüchtigen Eindruck davon, dass Schmerz und Freude ohne Hoffnung und Furcht möglich sind, sehen sie dies als dämonisch an. Natürlich kann hier von nichts Besitz ergriffen werden. Wenn wir Hoffnung und Furcht wegnehmen, dann bleiben Schmerz und Freude so übrig, wie sie sind. Es gibt nur noch die Möglichkeit, eine direkte Beziehung zu ihnen herzustellen.

Bei Geist und Körper bedeutet also nicht das eine Schmerz und das andere Freude, sondern ist es so, dass beide so etwas wie Organe für Schmerz und Freude sind?

Eigentlich ja, doch gleichzeitig hat der Geist mehr mit Freude zu tun, weil er die Einbildungskraft heranzieht. Er zieht die Einbildungskraft für das heran, was gut sein könnte; er macht sich Hoffnungen über die Möglichkeiten, dass etwas zu erreichen sei. Der Körper ist jedoch sehr viel mehr mit der Erde verbunden; er bringt uns ständig zu demjenigen zurück, dem wir ins Auge sehen müssen. Der Unterschied ist folgender: Wenn wir mit der ganzen Familie ins Theater oder ins Kino gehen, so ist das die Situation des Geistes, und wenn wir wieder nach Hause kommen und unser schmutziges Geschirr spülen und Essen kochen müssen, so ist das die Situation des Körpers.

Rinpoche, das verstehe ich nicht, denn es hat den Anschein, als sei die Einbildungskraft der Vorstellung von Schmerz ebenso, in der Tat wahrscheinlich sogar stärker zugeneigt wie der Vorstellung von Freude.

Nun, der springende Punkt dabei ist, dass es nicht sonderlich reizvoll ist, sich Schmerz und Freude als etwas Kompaktes vorzustellen. Andererseits ist es weitaus reizvoller, sich Schmerz und Freude als eine fließende Situation vorzustellen, weil Sie in Ihrer Vorstellungskraft Schmerz in Freude verwandeln können. Sehen Sie den Unterschied? Anders ausgedrückt, niemand sieht gern der Realität ins Auge. Die Realität ist physisch, sie ist der Körper, die Form des ersten Skandha, die wir am Anfang erschaffen haben. Wir haben einen Körper: „Ich bin das, was ich bin.“ Das ist einem individuellen Gottesbewusstsein vergleichbar. Wenn wir einmal dieses „Ich bin das, was ich bin“ haben, dann wird alles sehr stofflich und fest.

Dann könnte körperlicher Schmerz also in Freude umgewandelt werden, wenn er als Stärkung des „Ich bin“ angesehen wird?

Eigentlich jeder Schmerz. Dabei kann es alle möglichen Formen von Selbstbetrug geben. Sie setzen sich hin zum Meditieren und sagen zu sich selbst: „Ich fange jetzt damit an und werde es zwanzig Stunden lang durchhalten. Jeder körperliche Schmerz, der entsteht, ist prächtig. Das gehört eben dazu. Soll er doch ruhig hochkommen. Soll doch einfach alles passieren. Das ist schon in Ordnung.“ Jedes Mal, wenn der Schmerz aufkommt, haben Sie das Gefühl, dass Sie das besitzergreifende Wesen des Ego überwinden, wenn Sie diesen speziellen Schmerz spüren. Tatsächlich aber ist Ihr Ego zu dem Zeitpunkt, wenn Sie Ihre zwanzigstündige Meditation beenden, nur bestärkt worden, weil Sie das Gefühl haben, so hart gearbeitet und so vielem die Stirn geboten zu haben. Das Ego hat Sie hinters Licht geführt.

Ist es möglich, die Gefühle derart zu reinigen, dass die Bewegung hin zu dem, was echt ist, ein gutes Gefühl vermittelt und die Bewegung hin zu dem, was unecht ist, sich nicht gut anfühlt?

Es handelt sich darum, ob wir erkennen oder nicht, dass es keinen Grund dafür gibt, das Gefühlsspiel zu spielen, das den zweiten Skandha ausmacht. Wenn wir das erkennen, sind wir von diesem oder jenem nicht mehr betroffen. Wir gehen sehr unerschrocken, sehr beharrlich voran – wir gleiten einfach dahin. Wir haben unseren eigenen Pflug, unseren eigenen Panzer, und damit fahren wir einfach geradeaus. Wir fahren geradewegs weiter, ob wir nun auf ein Haus, einen Laden oder einen Supermarkt stoßen. Entscheidend dabei scheint zu sein, ob wir diese unerschrockene Haltung haben oder nicht, das zu sein, was wir sind, und dazu bereit, der Dualität von diesem und jenem keinerlei Beachtung zu schenken. Wir akzeptieren unsere negative

Seite und die Tatsache, dass wir Narren sind. Gut, so ist's. Wir nutzen dies als Teil des Meditationsprozesses. Trotzdem werden wir uns aber weiterhin darüber schämen oder stolz darauf sein. Wir machen aber immer weiter und weiter und weiter damit.

Rinpoche, ich möchte gern wissen, ob ich etwas falsch verstanden habe. Gibt es grundsätzlich vier Arten von Gefühlen: angenehme und schmerzvolle, die zum Körper gehören, und angenehme und schmerzvolle für den Geist?

Es scheint einerseits angenehme und schmerzvolle Gefühle zu geben und andererseits Gefühle, die für Körper und Geist charakteristisch sind. Die körperbezogenen Gefühle scheinen in gewissem Sinne sehr kompliziert oder sehr subtil zu sein, weil die Verbindung zu einem speziellen körperlichen Genuss oder Schmerz sehr schwierig herzustellen ist. Das liegt daran, dass so viele Vorstellungen darin enthalten sind. Wenn wir es in den Worten einer sehr einfachen Metapher ausdrücken, so ist der geistige Aspekt von Gefühl wie das Highsein auf Marihuana oder LSD und der körperhafte Aspekt wie das Highsein auf Alkohol. Der erste Zustand ist ziemlich imaginär, der zweite eher irdisch, gleichzeitig jedoch gefühlsbetont. Es verhält sich also wie mit den beiden Arten des Rausches: das Highsein auf Chemikalien, das Highsein auf Hefe. Das Gefühl kennt alle möglichen Variationsformen – mehr als nur vier. Schmerz, Freude oder Gleichgültigkeit können freundlich oder feindlich, geistig oder körperlich sein.

Die gesamte menschliche Erfahrung ist von irgendetwas high. Wir sind ständig betrunken, trunken von der einen oder anderen Sache, trunken von der Vorstellungskraft oder betrunken von den Konflikten auf der Körperebene – ob wir uns selbst nun für nüchtern halten oder nicht. Andernfalls könnten wir nicht überleben. Wir könnten daher sagen, dass diese Vorstellung von Gefühl verschiedenen Formen des Rausches entspricht. Wir werden von Gutem und Bösem berauscht: berauscht von Gutem, von Frömmigkeit, Spiritualität, Freude; berauscht von Bösem, von Übel, Zerstörung, Schmerz. Wir werden innerhalb der Vorstellungskraft berauscht, alle erdenklichen Vorstellungen laufen ab. Wir werden innerhalb des Körpers insofern berauscht, dass wir von diesem und jenem irritiert werden und dies damit vergelten möchten, dass wir uns aufdrängen und unseren Trip darüberstülpen. Die ganze Angelegenheit, die gesamte Erfahrung ist von irgendetwas berauscht. Dieser Aspekt ist für das Problem des Gefühls, für diese zweite Stufe in der Entwicklung der Skandhas, sehr wesentlich und aufschlussreich. Der erste Skandha ist Unwissenheit, Bestürzung, Verwirrung und eine unscharfe Namens- und Formgebung. Auf der zweiten Stufe, wo wir bereits eine verschwommene Vorstellung davon haben, wo wir stehen, möchten wir gern unsere Trips darüberstülpen. Darum handelt es sich bei dem Gefühl, welches abläuft – gut und böse, Körper und Geist.

Ist jedes Gefühl dualistisch?

Ja, wenn es auf irgendeiner Vorstellung oder auf Wunschdenken beruht. Jedes so beschaffene Gefühl muss nämlich eine Zielscheibe in der Form von diesem und jenem, von diesem im Verhältnis zu jenem haben: dieses hier, wo ich anfange, und jenes dort, wohin ich gelangen möchte. Solange wie Gefühle daran beteiligt sind, handelt es sich um Dualität. Mit anderen Worten: Wenn man sich auf dieses und jenes bezieht, hat man überhaupt keine Möglichkeit, eine Beziehung zu sich selbst herzustellen. Man hat sich selbst ganz und gar verloren, weil man so sehr von diesem und jenem gefesselt wird.

Sie haben von der einsamen Reise gesprochen und gesagt, dass alles, was wir mit anderen Menschen zu tun haben, nur Projektion ist, dass wir nur unseren Projektionen nachjagen. Warum müssen wir denn in einer Beziehung zu anderen Menschen stehen? Die offensichtliche Lösung scheint doch zu sein, dass wir einfach keine Beziehung herstellen.

„Warum“ und „warum nicht“ sagen dasselbe aus. Verstehen Sie, was ich damit meine? „Warum so“ und „warum nicht“ sind dasselbe. Warum tauchen wir also nicht einfach hinein?

Ich habe verstanden, dass der irdische Rausch anscheinend besser ist als der himmlische. Ist das Körpergefühl denn irgendwie eine größere Hilfe?

Ja, ich glaube schon. Jene Form von siedender Situation wie ein Faustkampf oder Sex bringt uns sehr stark in den gegenwärtigen Augenblick hinein.

Rinpoche, Sie haben von einem himmlischen Trip gesprochen, der den Schmerz zu umgehen sucht, der sich von der erdverbundenen Situation wegbewegen will, und Sie sagen, dies sei mit Freude verbunden. Gibt es irgendeine Art von Berauschung, welche die Dualität von Schmerz und Freude übersteigt?

Ich glaube schon, aber diese ist nicht dem Himmel zugehörig; sie geht über den Himmel an jenem Punkt hinaus, wo dasjenige, was oben ist, sich im Gegensatz zu Ihnen befindet, der es unten erfährt. Solange wie Sie sich auf den Himmel als oben und auf sich selbst als unten beziehen, ist Ihre Erfahrung nicht angemessen und Sie gehen nicht darüber hinaus. Wenn Sie jedoch erkennen, dass sich der Himmel unten befindet oder dass er nirgendwo ist, so können Sie an diesem Punkt über den ganzen Vorgang hinausgehen. Das wird zu einem offenen und ultimativen Zustand, weil Sie in eine Beziehung zu dem uranfänglichen Grund treten. Der uranfängliche Grundboden schließt alles in sich ein, ohne dass er auf relativen Situationen von gut und böse, von diesem und jenem beruht.

WAHRNEHMUNG

Der Vorgang, wie das Gefühl zu etwas in Beziehung tritt, setzt sich aus Extremen, aus Polaritäten, aus einer Zweiteilung zusammen. Wir können, mit anderen Worten, Gefühle nur dann entwickeln, wenn es zwei irgendwie entgegengesetzte Enden gibt. Weil wir in irgendeiner Form für dieses Extrem als entgegengesetzt zu jenem Extrem Partei ergreifen, ergibt sich daraus, dass die gefühlsmäßigen Feinheiten im Umgang mit der Projektion von der Außenwelt eine feste besitzergreifende Qualität haben, anstatt auf reine und direkte Weise darauf zu reagieren. Es verhält sich so wie bei einer persönlichen Beziehung zu jemandem, die allein auf Temperamentsäußerungen beruht. Wie wir wissen, muss es dabei etwas mehr als nur das geben, sonst wird die Beziehung nicht von langer Dauer sein. Mit dem Gefühl verhält es sich aber genauso. Gefühle haben die sprunghafte Eigenschaft, sich von einem Extrem zum nächsten zu bewegen. Nachdem wir bereits über die grundlegenden Kennzeichen der Form verfügen, beginnen wir damit, Beziehungen herzustellen und uns selbst in bestimmte Situationen, in die beiden Extreme von gut und böse, Schmerz und Freude, Körper und Geist usw. einzubringen. Es ist wie beim Bergsteigen, wenn man einen Metallhaken einschlägt. Das entspricht dem Gefühl. Will man jedoch weiterklettern, so braucht man ein Seil, das durch diesen Haken gezogen wird. Das Seil, das man durch die Haken ziehen muss, ist die Wahrnehmung, der dritte Skandha. Die Wahrnehmung ist notwendig, damit unterhalb der beiden entgegengesetzten Enden etwas Kontinuierliches als gemeinsames Glied, als gemeinsamer Faden verläuft, das sich zwischen Glücksgefühl und Traurigkeit von Körper und Geist bewegt.

Wahrnehmung beruht auf dem, was sich durch Form und Gefühl verkörpert, und auch auf jenem, was sich nicht durch sie manifestiert. Wahrnehmung hat diese beiden Grundeigenschaften. Im ersten Fall zeigt sich etwas durch die sechs Sinnesorgane. Wir nehmen etwas wahr und stellen eine Beziehung dazu her. Wir verlassen uns auf bestimmte Sinne und ihre Wahrnehmungen, und von dort aus stellen wir eine Verbindung zu deren Inhalt her. Dieser Vorgang bedeutet das erste Berühren und Fühlen. Gefühl ist wie eine Strahlung nach außen Innerhalb dieser Ausstrahlung ereignet sich Wahrnehmung dann, wenn die Strahlung in der Form bestimmter Details von diesem und jenem tätig zu werden beginnt.

In diesem Falle entspricht „Gefühl“ nicht ganz unserem gewöhnlichen Gefühlsbegriff. Es handelt sich nicht um das Gefühl, das wir so ernst nehmen, wenn wir beispielsweise sagen: „Er hat meine Gefühle verletzt.“ Diese Art von Gefühl, das wir so ernst nehmen, gehört zum vierten und fünften Skandha, die mit Begriff und Bewusstsein zu tun haben. Hier, im Falle des zweiten Skandha, handelt es sich um die unmittelbare, impulsive Art von Gefühl, das sprungartig zu gewissen Schlüssen kommt und einen daran festzubinden sucht. Wahrnehmung könnte als eine weitere Form von Gefühl bezeichnet werden: als das vertiefte Gefühl der Erfahrung dessen, was sich in Bezug auf den festen Zustand des Körpers manifestiert und was sich nicht manifestiert.

Die gesamte Vorstellung, dass sich etwas handgreiflich manifestiert oder nicht, entsteht hier durch die Art und Weise, wie wir mit den Situationen umgehen und dadurch den offenen Raum erstarren lassen. Das uranfängliche Bewusstsein taucht unvermittelt auf, das Unbewusste blitzt auf, wodurch ein ungeheuer offener Raum geschaffen wird. Innerhalb dieses offenen Raumes entwickeln sich Unwissenheit und Energie in der Weise, wie wir es bereits besprochen haben. Wenn dann das Ego damit beginnt, durch die Tätigkeit der Skandhas seine Position einzunehmen, entsteht sofort eine natürliche selbsttätige Neigung, sich auf diesen offenen Raum zu beziehen, als wäre er vollgestopft. Das

Ego versucht, jenen offenen Raum, den erwachten Geisteszustand, in Besitz zu nehmen, indem es ihn vollstopft. Es kann ihn jedoch nicht mit einer Menge an Material anfüllen, weil es zu diesem Zeitpunkt gar nicht genügend Material gibt; das Ego mit seinen sämtlichen Hilfsmitteln für die Vorstellungskraft ist noch nicht voll entwickelt. Es handelt sich noch um die erste impulsive Situation bei der Ausbildung des Ego; um jenen offenen Raum vollzustopfen, wird daher der Versuch unternommen, diesen ganzen Raum zu einem festen Block erstarren zu lassen. So ist es, wenn Wasser zu Eis gefriert. Der Raum selbst wird als ein feststofflicher Gegenstand des Ego betrachtet. Anders ausgedrückt, wird das Prinzip von Shunyata und Nicht-Sein, von Leerheit und Offenheit, wird der erwachte Geisteszustand automatisch in sich als ein Schlafzustand, als vollgestopfter Raum angesehen. Dieses Erstarrenlassen des offenen Raumes beginnt auf der Ebene der Form, es setzt sich mit dem Gefühl fort und tritt nun mit der Wahrnehmung gänzlich in Erscheinung.

Wahrnehmung, im Sinne des dritten Skandha, kann nicht existieren ohne Festigkeit, ohne dass sich etwas verfestigt. Das ist der Aspekt der äußeren Manifestation. Die Form, welche sich nicht manifestiert, ist der Aspekt der völligen Auslöschung; jegliche Hoffnung, irgendeine Art von festem Boden zurückzubehalten, was auf Furcht beruht, wird aufgegeben. Das Erste bedeutet Hoffnung, das Zweite Furcht. Die Manifestation, die physisch sichtbare Erscheinungsform, der verfestigte Inhalt der Wahrnehmung beruht auf Hoffnung. Der zweite Aspekt – dasjenige, was sich nicht manifestiert – ist auf Verzweiflung gegründet.* Wenn es keine Hoffnung mehr gibt, dass der feste Boden aufrechterhalten werden kann, wird diese verzweifelte Lage zu festem Boden gemacht.

---

* Anm. d. Übs.: Im Deutschen geht das Wortspiel zwischen den beiden englischen Begriffen *despair* (Verzweiflung) und *disappear* (verschwinden = dasjenige, was sich nicht manifestiert, verschwindet für uns) leider verloren.

Ein dritter und vierter Aspekt von Wahrnehmung – auf das folgend, was sich manifestiert beziehungsweise nicht manifestiert – hat wiederum mit unterscheidenden Merkmalen zu tun. Hier beziehen sich die Kriterien auf denjenigen Bereich, worauf sich das besitzergreifende Wesen der Wahrnehmung erstrecken kann. Das Ego dehnt sein Hoheitsgebiet so weit aus, wie es nur kann, das heißt, es versucht, möglichst viele Etiketten anzubringen und Definitionen festzulegen. Dabei entstehen automatisch die Begriffe von groß und klein, von größer und kleiner. Selbst die Bestimmung von „kleiner" kann dabei helfen, mehr an festem Boden abzustecken. Damit entwickeln sich diese Polaritäten.

Der fünfte Aspekt von Wahrnehmung ist dann das unbedingte Nicht-Sein. Unbedingtes Nicht-Sein könnte in diesem Falle als ein Intelligenzfunken bezeichnet werden, der in Verbindung mit dem uranfänglichen Grund steht und hervortritt. Über dieses Thema hat es eine Kontroverse zwischen den Gelehrten zweier Geistesschulen gegeben. Die eine Schule behauptete, es sei ein Intelligenzfunken, der hervortrete. Die andere Schule meinte, es handele sich noch um Verwirrung, von erwachter Intelligenz könne innerhalb der Skandhas keine Rede sein; auf dieser Wahrnehmungsebene könne es keinerlei Hoffnung auf Selbstbefreiung geben. In meiner Sicht, und wie ich es auch gelehrt worden bin, gibt es jedoch die Möglichkeit von völliger Veränderung unserer Perspektive im Verhältnis zur Wahrnehmung. Eine Erfahrung des unbedingten Nicht-Seins bedeutet, sogar Hoffnung an sich oder Furcht an sich aufzugeben; sie bedeutet, dass unsere Wahrnehmung nicht mehr von etwas Besitz ergreift oder daran festhält. Bei dieser Erfahrung versucht man einfach nur, genügend Mut aufzubringen, um seinen Griff ein wenig zu lockern, um offen in der nächsten Umgebung herumzutasten und ein bisschen dahinzutreiben. Dieser Aspekt von Wahrnehmung bedeutet also, dass man anfängt, ganz schön unerschrocken zu sein. Diese Art von Unerschrockenheit entsteht aus *Tathagatagarbha,* der Buddha-Natur, der grundlegenden Intelligenz. Es ist die grundlegende Intelligenz, die beginnt, diese Unerschrockenheit zu zeigen. Im Großen und Ganzen wird jeder Gedanke, etwas zu erforschen oder zu riskieren, eine Beziehung zum eigenen Ego und seinen Projektionen herzustellen, so betrachtet, als sei er vom erleuchteten Geist inspiriert. Das kommt daher, weil man nicht mehr versucht, an etwas festzuhalten, mit etwas fortzufahren, etwas unter Beweis zu stellen, sondern nach anderen Möglichkeiten Ausschau hält. Das ist an sich schon eine sehr mutige und den offenen Raum einbeziehende Haltung, weil unser Geist von Neugier und Interesse, vom offenen Raum und Fragen vollkommen erfüllt wird. Es ist ein Vorgang des Umherwanderns, der in dieser besonderen Verbindung sehr hoffnungsvoll und positiv ist. Dieses unbedingte Nicht-Sein ist die letzte Entwicklungsstufe von Wahrnehmung.

Die Beziehung zwischen der Wahrnehmung und den vorausgehenden Skandhas besteht insgesamt darin, dass die Form das Ego, die Unwissenheit und die Grundlagen erschafft, und das Gefühl bringt die würzige Qualität oder Schärfe mit hinein, dass etwas sich selbst zu behaupten sucht. Die Wahrnehmung kommt in Form einer Ausdehnung für das Hoheitsgebiet des Ego und versucht, seine Position noch genauer zu bestimmen. ln der Wahrnehmung sind sehr viele Rückverweisungen auf die zentrale Befehlsstelle des Ego enthalten, und dann wieder die Ausdehnung und weitere Erforschung, die sich immer darauf zurückbeziehen. Diese Errichtung eines Hoheitsgebietes in Verbindung zu einem zentralen Bezugspunkt scheint das allgemeine Entwicklungsmuster des Ego zu sein.

FRAGE: *Ich habe nur zwei Entwicklungsformen bei der Wahrnehmung mitbekommen: das, was sich manifestiert, und das, was sich nicht manifestiert.*

ANTWORT: Die dritte ist „groß“, die vierte „klein“. Die fünfte ist das unbedingte Nicht-Sein.

Könnten Sie noch einmal über das sprechen, was sich nicht manifestiert?

Es hat mit Furcht zu tun. Es ist auf der Furcht gegründet, dass wir keine greifbare und feste Situation mehr haben. Verfestigter Raum bedeutet Hoffnung. Es ist insofern hoffnungsvoll, als dass es uns gelingt, den offenen Raum zu etwas zu verfestigen, woran wir uns festhalten können. Bei dem, was sich nicht manifestiert, haben wir nichts finden können; hier herrscht dann völlige Verzweiflung und das Aufgeben von Hoffnung. Doch selbst das ist an sich eine Täuschung des Ego, weil es eine Anhaftung an etwas bedeutet, wenn die Hoffnung aufgegeben wird.

Im Falle der manifestierten Erscheinung werde ich also stark von den Dingen in Anspruch genommen, die ich um mich herum wahrnehmen kann, während ich bei dem, was nicht manifestiert erscheint, mehr mit den Dingen beschäftigt bin, die ich nicht sehen kann, von denen ich aber möchte, dass sie da wären.

Mit der Enttäuschung darüber. Bei dem, was sich nicht sichtbar manifestiert, sind Sie mit der Enttäuschung beschäftigt, das nicht zu haben, was Sie möchten.

Und Hoffnung und Furcht, diese beiden würden sich demnach immer wieder neu erschaffen?

Ja, ganz bestimmt. Wo auch immer es Hoffnung gibt, gibt es auch das Überleben von Hoffnung, und dieses beruht auf Furcht. Das Aufrechterhalten von Hoffnung ist auf der Furcht davor gegründet, dass diese sich nicht erfüllt.

Was ist der Unterschied zwischen groß und klein? Was für ein Großes und ein Kleines?

Die dritte und vierte Art der Wahrnehmung sind einfach bloß zwei gegensätzliche Pole. Das hat mit dem Außen und Innen zu tun: Sie dehnen Ihr Sehvermögen nach außen aus und untersuchen alles, Sie vertiefen es nach innen. In Tibet haben einige Gelehrte von der „hungrigen Wahrnehmung" gesprochen. Sie verzehrt sich auf der Suche nach neuem Material, das sie auf-essen möchte. Sie hält ständig Ausschau nach neuen Möglichkeiten, damit sie sich an etwas festhalten kann. Die Ausbildung von groß und klein entspricht im Besonderen diesem hungrigen Wahrnehmungsbegriff. Wahrnehmung hat einen viel größeren Hunger als Gefühl, weil das Gefühl bereits teilweise abgesichert ist. Im Falle des Gefühls haben wir eine Form, eine feste Sache, und von der Form strahlen wir dann aus, wir recken und strecken uns, wobei wir ganz sanft, ganz behutsam alles erforschen. Wenn wir jedoch die Wahrnehmungsebene erreichen, hat sich diese Art von erzwungener Behutsamkeit allmählich verbraucht und wir verzweifeln ein wenig.

Pflegen diese fünf Teile der Wahrnehmung jemals gleichzeitig aufzutreten, oder handelt es sich um voneinander getrennte psychologische Zustände?

Es scheinen voneinander getrennte psychologische Zustände zu sein, weil man sich nur auf einen einzigen zur gleichen Zeit konzentrieren kann. Die fünf Skandhas befinden sich nämlich sehr stark in der Entwicklung. Form und Gefühl können sich selbst ziemlich spontan manifestieren; wenn wir jedoch zu Wahrnehmung und Samskara kommen, so sind darin immer mehr voneinander getrennte Dinge enthalten.

Ich verstehe diese Entwicklungsfähigkeit nicht. Ich habe angenommen, dass alle Skandhas zusammenwirken müssten, so dass die Form, auch wenn wir zuerst von ihr sprechen, beispielsweise ohne Wahrnehmung nicht möglich ist.

Ja, auch das stimmt.

Sie haben gesagt, dass Form und Gefühl selbstständig existieren können. Muss man die Form aber nicht wahrnehmen, damit sie überhaupt da sein kann?

Ja, das muss man ganz bestimmt tun. Was stimmt daran nicht?

Nun, Sie sagen: „Das kommt später“ oder „Wenn wir den und den Skandha erreichen“, so als wäre dies die feststehende Ordnung, dass wir formen und dann fühlen und dann wahrnehmen. Ereignet sich das aber nicht gleichzeitig?

Nun, das hängt von unserem Begriff von Zeit, von „gleichzeitig“ ab. Wir haben vor kurzem beschrieben, wie sich die erste Stufe des Ego und seine Ausdehnungsformen innerhalb von Tausendstel einer Sekunde entwickeln. In dieser Beziehung entfaltet sich das Ganze in Form von Stufen. Auf jener zeitlichen Skala könnten wir jedoch auch sagen, dass es gleichzeitig stattfindet. Der Vorgang ereignet sich daher entweder gleichzeitig oder stufenweise. Es gibt einen Anfang und ein Ende, aber hier wird die Anwendung von Zeitbegriffen grob und plump. Wenn wir zu der Stufe von Bewusstsein, dem letzten Skandha, kommen, wird sie sogar noch gröber. Dieser letzte Skandha schließt Form und Gefühl, Wahrnehmung und Samskara in sich ein. Es gibt jedoch das Entwicklungsmuster, insofern es um die Möglichkeit des plötzlichen Sichtbarwerdens geht. Der erste blitzartige Eindruck ist Form, der nächste Gefühl. Wenn wir immer weiter die plötzlichen Eindrücke aufnehmen, wird ihr Inhalt immer vielschichtiger. Wenn wir die blitzartige Erfahrung von Wahrnehmung machen, so enthält diese Gefühl und Form; erfahren wir blitzartig Bewusstsein, so umfasst dieses die übrigen vier.

Das erste aufblitzende Sehen hat also noch nicht die Stufe der Wahrnehmung erreicht, weil es ohne Gefühl ist?

Der erste aufblitzende Eindruck ist wie ein unbeschriebenes Blatt. Darauf folgt eine Frage, dann eine Antwort; dann die Verfestigung und die Herstellung einer Beziehung aufgrund von Liebe und Hass usw. Sehr schnell jedoch, im Bruchteil einer Sekunde.

Ist es möglich, ohne diesen Vorgang weiter zu existieren? Würde das aufhören, so scheint es, als befände ich mich in großer Gefahr.

Das glauben Sie nur. Es gibt Menschen, die es fertiggebracht haben, ohne ihn auszukommen. Schließlich kommt diese gesamte Information über das Muster der fünf Skandhas aus der Sichtweise derjenigen, welche es von oben – aus der Vogelperspektive – betrachtet haben. Es ist nicht unbedingt notwendig, durch diese komplizierten Strukturen der Skandhas hindurchzugehen. Es wäre außerordentlich einfach, sie nicht mehr durchlaufen zu müssen. Sie brauchen diesen ganzen Prozess nicht weiter am Leben zu erhalten. Sie können einfach wahrnehmen und mit dem, was auch immer als Wahrnehmung entsteht, weiterarbeiten.

Liegt diese Art von Wahrnehmung, von der Sie gerade gesprochen haben, außerhalb der Grenzen des Ego?

Ja, sie wird zur Inspiration. Außerhalb des Ego wird Wahrnehmung zu Inspiration. Damit gelangen wir jedoch auf die tantrische Ebene, deren Verständnis zu schwierig sein mag.

Inspiration wofür?

Für die Wahrnehmung selbst.

Anscheinend gibt es überall Hinweise auf die tantrischen Lehren.

Ja, natürlich. Wäre Tantra ohne Beziehung zu den früheren Lehren, so wäre es ein solitärer Planet. Tatsächlich sind manche Details der tantrischen Ikonographie aus dem Abhidharma entwickelt worden. Verschiedene Färbungen und Gefühle dieses besonderen Bewusstseinszustandes, jener besonderen Emotion verkörpern sich in einer bestimmten Gottheit, die das und das Gewand trägt, ganz bestimmte Farben hat und ganz bestimmte Zepter in der Hand hält. Diese Details stehen in sehr enger Verbindung zu den individuellen Eigenarten bestimmter psychologischer Abläufe.

Kann man dann in Tantra einsteigen, wenn man den Abhidharma wirklich klar versteht?

Ja, genau das geschieht. Tatsächlich gründet sich ein Großteil der tantrischen Symbolik, das Mandala beispielsweise, auf der Terminologie des Abhidharma. Sie läuft genau hindurch. Der Abhidharma ist eine Möglichkeit des Sehens; die Psychologie, welche er beschreibt, ist nicht bloß eine pauschale Zusammenfassung, eine theoretische Verallgemeinerung. In jedem Aspekt des menschlichen Gefühls, der menschlichen Psychologie ist eine individuelle Eigenart enthalten. Sie ist sehr reichhaltig. Jeder Aspekt des Geistes hat seine charakteristische Eigenart; wenn man sich immer weiter, immer tiefer damit beschäftigt, erkennt man allmählich diese besonderen Aspekte als wirklich lebendige Kräfte. An diesem Punkt verliert man auch das Ego, weil man die Erfahrung nicht mehr als einen riesigen Klumpen von „mir", „mein" und „mich" mit Etiketten zu versehen braucht. Das ist überflüssig und absurd geworden.

Muss man sich mit diesen Details identifizieren? Gibt es eine Technik für die Identifikation?

Nun, wenn man sich mit diesen ganzen Details identifiziert und sie zur persönlichen Erfahrung werden lässt, so ist das ein ziemliches Schnellverfahren. Man braucht nicht nach Antworten von außen Ausschau zu halten, weil die Antworten bereits da sind. Das spielt sich auf einer persönlichen Ebene ab.

Welcher Prozess liegt vor, wenn Sie sagen: „sich mit etwas identifizieren"? Nehmen wir einmal an, ich säge ein Stück Holz und ich besinne mich darauf, dass ich mich damit identifiziere – lege ich damit irgendwie mein Denken in meine Hand hinein? Wie fügt sich das in die Skandhas ein? Verhält es sich so wie bei der Verbindung von der sechsten, siebten oder achten Bewusstseinsart mit dem visuellen Bewusstsein?

Sie haben ganz recht, dass Sie diese Frage aufwerfen. Es ist in der Tat ziemlich gefährlich, wenn wir von Identifikation sprechen. Sie könnten sich äußerlich mit den Dingen, so wie sie sind, identifizieren; dann gibt es keinen Mittelpunkt, sondern überall nur eine äußere Randzone, überall Ausdehnung. Oder Sie könnten sich innerlich identifizieren, das heißt, Sie treten in Identifikation zu Dingen, die in Ihrem Inneren ablaufen, so als wären es reale Instanzen.

Die Identifikation sollte offen sein, eine Identifikation ohne Mittelpunkt, mit anderen Worten: ohne einen Beobachter. Das ist der entscheidende Punkt. Wenn es keinen Beobachter gibt, dann wird Identifikation zur echten Identifikation; Sie stellen eine echte Verbindung zu den Dingen her, so wie sie sind. Wenn Sie dagegen eine Identifikation nach innen herstellen, dann identifizieren Sie sich in Übereinstimmung mit irgendeinem Konzept, Ihren eigenen Maßstäben entsprechend.

Die Identifikation nach innen würde eine Verbindung von unserem Geist mit dem Gegenstand schaffen?

Mit dem Gegenstand, ja, als verfestigte Vorstellung. Das nennen wir Materialismus, spirituellen oder psychologischen Materialismus.

Wie sieht die andere Form aus? Die Identifikation nach außen ist nichts weiter als das Gewahrwerden dessen, was geschieht, ohne irgendwelche ...

Nun, dabei beobachten Sie nicht Ihren Körper und Ihre Körperbewegung, während Sie Holz sägen, sondern Sie werden einfach eins mit dem Holz selbst. Sie schauen sich nicht selbst dabei zu, wie Sie sich mit etwas identifizieren, sondern Sie werden vollkommen eins mit der Handlung oder dem Gegenstand dessen, was Sie tun.

Wie verhält es sich damit, als Buddha die Frau am Brunnen lehrte, wie sie das Seil fühlen und auf die Bewegung des hochgepumpten Wassers achten sollte? Wie steht es mit der Praxis der Achtsamkeit?

Das ist wie bei der Nutzung der Atmung in der Meditation. Es geht um die Bewegung der beiden Arme als etwas außerhalb von mir. Das hat nichts mit mir und meinen beiden Armen zu tun; es sind lediglich zwei Arme, die eine gewöhnliche Funktion ausüben: Sie ziehen Wasser hoch.

Auf diese Art und Weise wird also nichts aufgebaut? Kein Hoheitsgebiet oder kein Gefühl von Eigentum?

Auf diese Weise wird nichts aufgebaut. Die Atmung ist nichts weiter als die Atmung, die dabei abläuft. Sie hat nichts mit *meiner* Atmung zu tun, so dass ich irgendwie besonders atmen sollte.

Wird man davon berauscht, wenn man eins mit dem Holz wird?

Ja, so könnten wir es nennen. Wenn man einmal innerhalb der Erfahrung ist, dann folgt man einem bestimmten logischen Muster, das zu einer Art von unaufhörlich kreativem Vorgang wird. Man erkennt nach und nach den Farbenreichtum, die Lebendigkeit von Dingen.

Könnten Sie die Beziehung zwischen Furcht und Identifikation erklären?

Nun, Identifikation bedeutet, sich hinzugeben und sich nicht nach rückwärts auf etwas zu beziehen, nichts bei der zentralen Kommandostelle nachzuprüfen, sondern nur mit dem weiterzuarbeiten, was da ist. Furcht stellt einen rückwärtigen Bezug zu uns selbst her und versichert sich, dass unser Verhältnis zu dem Geschehen ziemlich abgesichert ist. Gehen wir der Sache nicht bei uns nach, so dürften wir in Panik geraten. Wir halten den Identifikationsvorgang plötzlich an, weil wir fürchten, dass etwas nicht stimmt; allmählich verlieren wir die Kontrolle. Das kommt daher, weil bei der Identifikation der Sicherheitsteppich unter unseren Füßen weggezogen wird.

Rinpoche, Sie haben gesagt, dasjenige, was sich nicht sichtbar manifestiert, beruhe auf Furcht. Für mich hat es dagegen den Anschein, als sei das Wesen von Furcht eine festgefügtere Sache als Hoffnung. Ich nehme etwas weitaus Offeneres bei der Hoffnung als bei der Furcht wahr. Ich verstehe nicht, wie dasjenige, was sich nicht sichtbar manifestiert, auf Furcht beruhen soll.

Nun, dasjenige, was sich nicht sichtbar manifestiert, gründet sich auf Furcht in dem Sinne, dass es zu Verzweiflung wird. Die Furcht projiziert eine Situation, in der man sich an nichts festhalten kann und jeglichen Kontakt, jede Verbindung verloren hat. Wenn man daran hängen bleibt, so ist das Verzweiflung. Man erschafft eine andere Art von festem Boden, woran man sich festhält: Man findet Gefallen an der Furcht oder Traurigkeit als einer Art Beschäftigung.

Warum gibt es ein Problem mit diesem fünften Wahrnehmungszustand, dem unbedingten Nicht-Sein, so dass einige Schulen des Buddhismus ihn für einen umwölkten Geist oder einen anhaftenden Geist hielten?

Ich glaube, es herrschte ein außerordentliches Misstrauen in die genaue Bestimmung des Absoluten, des absoluten Geistes – der Buddha-Natur – und seiner Form der Intelligenz. Das hängt zusammen mit unserer vorausgegangenen Diskussion, Buddha als einen großen Gelehrten zu betrachten. Von dem Blickwinkel aus gesehen, den Erleuchteten mit einem großen Gelehrten gleichzusetzen, wird die leiseste Andeutung von Intelligenz oder Inspiration als eine Erscheinungsform von Samsara betrachtet. Die Menschen mit dieser Anschauung glaubten, dass man seltsam dramatische Geistesblitze haben müsste, um einen wirklich guten Einblick in das Absolute haben zu können. Sie selbst hatten diese Erfahrungen nicht gemacht, stellten sich jedoch vor, dass es sich so verhalten müsste. Die andere Schule – unsere Schule – sagt, der erwachte Geist müsse etwas sein, das Teil unserer eigenen alltäglichen Erfahrung mit dem Ego ist. Die Erfahrung des erwachten Geistes ist außerordentlich einfach, sie braucht nicht dramatisch zu sein. Der leiseste Ausdruck von Intelligenz ist Teil des erwachten Geisteszustandes. Man braucht daher keinen märchenhaften Begriff für die Erfahrung von Erleuchtung zu entwickeln. Sie ist etwas Realistisches, und kurze Eindrücke davon ereignen sich ständig. Diese Sichtweise deckt sich auch genau mit den tantrischen Lehren.

Dann ist also der erwachte Geisteszustand der Faden durch alle diese Skandhas, damit alles weiterläuft, und irgendwie leben die Verwicklungen, welche jeder Skandha aufbaut, von diesem Faden und verschleiern ihn.

Das stimmt, so verhält es sich die ganze Zeit über.

Dann verrichtet der erwachte Geisteszustand in Wirklichkeit die ganze Arbeit, wovon alles andere lebt?

Genau das, ich meine sogar Aufstände, Agitation, Lebensaspekte aus der samsarischen Welt wie Guerilla-Kriegsführung, politische Intrigen und alles Übrige – alles das beruht auf einem grundsätzlichen Gefühl dafür, dass etwas nicht stimmt, und die Erkenntnis, dass etwas nicht stimmt, ist auf Intelligenz gegründet.

Zweifel ist also Intelligenz.

Ja, Zweifel ist Intelligenz. Das ist in der Tat ein wirklich sehr kraftvolles Denken. Das Chaos bedeutet Intelligenz und es ist eine Belehrung. Deshalb braucht man überhaupt nichts abzuwehren.

Könnten Sie etwas über reine Freude und reinen Schmerz sagen, wenn sie allein auf sich selbst gestellt sind? Wie können sie außerhalb des Körpers oder Geistes existieren?

Außerhalb des wirklich vorhandenen Körpers und Geistes können sie nicht existieren, jedoch außerhalb von unserer Version des Körpers und unserer Version des Geistes. Das ist das Allerschwierigste: Wir sagen „Körper“ und wir sagen „Geist“, haben jedoch unsere eigene Auslegung, unsere eigene Vorstellung davon; diese trennt uns ständig von der Realität des Körpers und des Geistes, von der Körperlichkeit, vom Wesen des Geistes, von der Natur der Dinge, so wie sie sind. Dieses innere Wesen der Dinge, so wie sie sind, wird „Leerheit“ genannt, Shunyata, die wirkliche Soheit der Dinge als solche. Die Dinge könnten auch ohne uns existieren; sie könnten so rein und vollkommen bleiben, wie sie sind. Wir stülpen jedoch unsere eigene Version darüber und verschmelzen sie alle miteinander. So ähnlich ist es, wenn wir Puppen herausputzen. Wir haben die nackten Körper und darüber ziehen wir dann Uniformen, Mönchsroben oder einen gewöhnlichen Anzug mit Krawatte. Wir putzen sie heraus. Dann stellen wir plötzlich fest, dass sie lebendig sind – und wir versuchen, vor ihnen davonzulaufen, weil sie uns zu verfolgen beginnen. Das läuft schließlich darauf hinaus, dass wir von unseren eigenen Wünschen und Wahrnehmungen gejagt werden, weil wir so viel in sie hineingelegt haben. Unsere eigene Schöpfung wird schließlich zerstörerisch für uns.

Ich habe wirklich nicht verstanden, was Sie über das Erstarren des offenen Raumes gesagt haben.

Das grundlegende Fundament ist ein offener Untergrund, den wir jedoch nicht gelten lassen wollen. Wir möchten ihn verfestigen, damit er zu greifbarem, festem Grund wird, auf dem wir laufen können. Mit dem Erstarren des Raumes meine ich daher die Verfestigung jenes offenen Raumes. Es kann die Erfahrung von Schmerz und Freude als reiner Schmerz und reine Freude ohne irgendein Problem geben, sie in Beziehung zu etwas anderem festzulegen. Wir brauchen unseren Geist und unsere Projektionen ganz und gar nicht beherrschen zu wollen. Wir müssen nichts unter Kontrolle halten. Die Dinge, so wie sie sind, können in sich unabhängig bestehen bleiben. Werden die Situationen erst einmal offen, frisch und unverhüllt gelassen, dann kann Erfahrung sehr fließend, echt und lebendig werden.

Von woher kommen reiner Schmerz und reine Freude in diese reine offene Situation?

Nun, sie manifestieren sich aus sich selbst heraus. Sie sind von nichts abhängig. Das ist der entscheidende Punkt. Wir brauchen keine Kettenreaktion. Jeder Schmerz, jede Freude kann als selbstständiges Pauschalangebot auftreten. Das ganze Problem entsteht, wenn wir uns auf Erfahrung als etwas anderes als das beziehen, was sie nun einmal ist. Dann muss sie verfochten oder unter Kontrolle gehalten werden. Wenn Sie außergewöhnliche spirituelle Freude erleben, ist es möglich, dass Sie diese verlieren oder dass sie nachlässt, weil Sie versuchen, sie aufrechtzuerhalten. Sie brauchen sie aber eigentlich nicht aufrechtzuerhalten; es handelt sich um eine unabhängige, nicht auf fremden Einfluss angewiesene Erfahrung. Deshalb sind in der tantrischen Ikonographie Schmerz und Freude sowie alle übrigen Erfahrungen als Gottheiten, als selbstständige Wesen dargestellt worden, die auf Lotossitzen tanzen. Es sind unabhängige Wesenheiten. Sie lassen sich nicht durch eine Fernbedienung beeinflussen.

Wenn Sie von Schmerz und Freude in ihrem reinen Zustand sprechen, so glaube ich, wenn ich dazu eine Beziehung herstellen wollte, dass ich letztlich in einen tripähnlichen Vorstellungsrausch geraten würde, welcher das erdige Element der Situation außer Acht lässt. Ich würde bloß auf einem Kopftrip abfahren.

Ich glaube, das könnten Sie durchaus, solange Sie als Ziel und Zweck reinen Schmerz und reine Freude zu gewinnen suchen. Haben Sie diese Idee im Kopf und gehen so an sie heran, dann müssen Sie etwas Außergewöhnliches tun: entweder einen LSD-Trip nehmen oder ausflippen. Und Sie werden es doch nie schaffen, weil Sie die Idee davon bereits im Geiste vorbereitet haben. Das heißt, das Ego hat für Sie geplant und Sie mit seiner Zustimmung losgeschickt.

Nehmen wir einmal an, wir haben einen kleinen Geistesblitz und dabei erkannt, wie der gesamte Prozess des Ego ganz von vorn beginnt, wie das Ego in Panik gerät und in die Mentalität eines hungrigen Geistes verfällt, und wie es uns dadurch von ebender Sache abschneidet, die wir eigentlich wollen. Was können wir mit diesem Vorgang anfangen?

Wenn man sieht, wie es abläuft, so ist das der Kernpunkt und man findet irgendeine spontane Möglichkeit, um damit umzugehen. Es ist ähnlich, wenn man schwimmen lernt. Wenn Sie plötzlich ins Wasser gestoßen werden, schwimmen Sie unwillkürlich von selbst. Dagegen wird das Zuschauen mehr zu einem

Hindernis als zu einer Hilfe, nachdem Sie eine gewisse Zeit lang von Lehrern im Schwimmen unterrichtet worden sind. Erkennen Sie einmal den entscheidenden Augenblick innerhalb einer Situation, dann können Sie sich in angemessener Weise damit verbinden und es wirklich tun.

Sie sehen, die Lehren sind wirklich keine „Do-it-yourself"-Bücher. Sie behandeln nicht jeden Punkt bis ins letzte Detail. Sie deuten nur etwas an, geben Hinweise. Die Lehren sind ein Prozess, der Sie aufrüttelt und für die Situation wach werden lässt, anstatt einer Schritt für Schritt genau festgelegten Anleitung. Die Lehren geben Hinweise und Sie erhalten die Inspiration, diese weiterzuentwickeln. Dabei finden Sie heraus, dass Sie es schaffen können. Das ist der ganze Prozess. Spontaneität und grundlegende Intelligenz werden außerordentlich wichtig. Sie werden allmählich aus sich selbst heraus wirksam, wenn die Verwirrung aufzusteigen beginnt. Das ist mit dem Begriff des universellen Guru gemeint.

INTELLEKT

Wenn wir uns näher mit den immer komplexeren Strukturmustern der Skandhas beschäftigen und einen Blick auf das allgemeine Erscheinungsbild der Psychologie werfen, wird klar, dass sich dabei ein immer stärkeres dualistisches Muster herausbildet. Das Ego in seiner allgemeinen Ausrichtung ist am Anfang unschlüssig darüber, wie es seine Verbindung zur Welt, seine Identität, seine persönliche Eigenart aufbauen soll. Während es allmählich eine größere Sicherheit entwickelt, findet es neue Entfaltungsmöglichkeiten; es wird immer unerschrockener und mutiger darin, vorzupreschen und neue Bereiche für ein mögliches Hoheitsgebiet oder neue Interpretationsweisen zu erforschen und sich die um es herum vorhandene Welt anzueignen. Es handelt sich also um ein Muster einer Art von hartnäckiger Unerschrockenheit, das sich selbst kompliziertere Muster erschafft. Der vierte Skandha, *Samskara,* ist eine Fortsetzung dieses Musters. Wir könnten ihn als „Intellekt" bezeichnen. *Samskara* bedeutet Intellekt in dem Sinne, Intelligent zu sein, welche das Ego dazu befähigt, dass es weiteres Hoheitsgebiet, weiteren Umfang, noch mehr Dinge ansammelt.

Für *Samskara* scheint es keinerlei gute und exakte wörtliche Übersetzung oder einen gleichwertigen Begriff zu geben. Die wörtliche Grundbedeutung vermittelt den Sinn einer Ansammlung oder Anhäufung, womit im Wesentlichen eine Tendenz gemeint ist, eine Anhäufung von geistigen Zuständen als Hoheitsgebiet anzusammeln. Diese geistigen Zustände sind auch körperlich; es sind Geist/Körper-Zustände. *Samskara* besitzt daher eine ganze Menge an verschiedenen Möglichkeiten der Einteilung gedanklicher Muster. Es handelt sich dabei jedoch nicht bloß um eine Namensfolge in einer Liste; die Strukturmuster sind auch innerhalb eines Entwicklungsmusters aufeinander bezogen, das sie gemeinsam bilden. Die verschiedenartigen Aspekte von *Samskara* sind Geist/Körper-Strukturen, die unterschiedliche gefühlsmäßige Qualitäten für diese besitzen. Es gibt davon einundfünfzig allgemeine Arten. Ich glaube nicht, dass wir hier sehr ausführlich werden müssen, um sämtliche Formen in allen Einzelheiten zu beschreiben. Ich möchte jedoch versuchen, eine bestimmte grobe Vorstellung davon zu vermitteln.

Es gibt gewisse samskarische Strukturmuster oder Einstellungen, die mit Tugend, mit Religion oder Güte assoziiert werden. Man könnte sagen, dass es sich dabei um die Ausdrucksform der grundlegenden Intelligenz, um die Buddha-Natur handelt; sie werden jedoch auch vom Ego in Besitz genommen und tragen so dazu bei, dessen natürliche Neigung für den spirituellen Materialismus zu begründen. Es gibt elf Arten solcher guten Einstellungen oder Neigungen. Dazu gehören: Hingabe oder Vertrauen, Gewahrsein, Disziplin, Gleichmut, Fehlen von Leidenschaft, Fehlen von Zorn, Fehlen von Ignoranz, Bescheidenheit oder Zurückhaltung, eine Neigung zur Gewaltlosigkeit, eine natürliche Tendenz zu Energie, Anstrengung oder Mut. Ein wesentlicher Punkt hierbei ist, dass sich niemand diese religiösen oder spirituellen Vorstellungen auszudenken brauchte, sondern dass sie ein natürlicher Teil der menschlichen Psychologie sind. Es gibt eine natürliche Art von Sanftmut, des Fehlens von Aggression und Leidenschaft, es gibt die Bereitschaft, hart zu arbeiten, und die Gewaltlosigkeit. Diese Neigungen entwickeln sich nun als Teil von *Samskara*.

Insgesamt betrachtet ist das allgemeine Wesen dieser besonderen Gruppe samskarischer Neigungen durch das Fehlen von Aggression bestimmt. Sie bilden so etwas wie den Dharma-Geist. Mit Dharma meinen wir allgemein Leidenschaftslosigkeit in dem Sinne, dass nichts in Besitz genommen oder an nichts festgehalten wird. Dasjenige, was in einem Zusammenhang zu leidenschaftlichem Verlangen steht, gehört nicht zum Dharma. Diese Tendenzen werden also durch ein Fehlen von Heftigkeit oder Aggression gekennzeichnet. Diese Gedanken sind im Allgemeinen rücksichtsvoll; in ihnen ist ein bestimmtes Gewissen enthalten. Sie existieren nicht einfach willkürlich, sondern es gibt eine bestimmte Ursache für ihr Vorhandensein. Das ist einmal das Fehlen von Aggression – die Offenheit –, und zum anderen bringt diese Art von Geist/Körper-Struktur einen hohen Grad an Gewahrsein der Situationen außerhalb von uns mit sich. Anders ausgedrückt, es fehlt das Ego in einem oberflächlichen Sinne; in der herkömmlichen Bedeutung sind diese Neigungen nicht egozentrisch. Es handelt sich dabei jedoch nicht um eine Angelegenheit des grundlegenden Ego; derartige Gedanken sind nicht unbedingt ohne ein Ego. Das hängt von demjenigen ab, der sie verwendet. Ihr allgemeines Wesen erinnert jedoch an einen guten Menschen, der rücksichtsvoll und in der gewöhnlich verbreiteten Meinung nicht egozentrisch ist.

Dann gibt es die sechs entgegengesetzten Gedankentypen, die egozentrischen Gedanken. Das sind Unwissenheit, Begierde, Zorn, Stolz, Zweifel und Dogmatismus. Sie werden als die fehlenden Tugenden von denjenigen Gedankenformen angesehen, welche wir gerade besprochen haben.

Auch hier wieder unterscheidet sich die in Frage stehende Unwissenheit ziemlich von der grundlegenden Unwissenheit, welche das Ego aufbaut – das ist die grundsätzliche Unkenntnis über sich selbst. Die Unwissenheit, auf welche wir uns hier beziehen, ist die Quelle für alle übrigen Arten von schlechten Gedanken: jene Gedanken, die nicht rücksichtsvoll sind und die sich durch das Fehlen von Gedanken des spirituellen Typus auszeichnen. Sie sind dadurch gekennzeichnet, dass sie plötzlich und mit einer gewissen Dreistigkeit wirksam werden, ohne die Situation zu berücksichtigen. Sie agieren einfach aus dem Impuls heraus, ohne Scharfsinn, ohne Genauigkeit. Sie sind vollkommen berauscht von dem Gefühl dessen, was man erreichen will; sie handeln daher ungestüm, ohne die Beziehung zu der Situation zu erkennen.

Auch Leidenschaft bedeutet hier die tatsächliche Begierde und nicht das grundlegende Verlangen, nach etwas zu greifen. Es ist die tatsächlich verwirklichte Leidenschaft der Begierde. Während das grundlegende Verlangen eine dem Ego innewohnende Eigenschaft ist, von etwas Besitz zu ergreifen, ist sie die tatsächlich aktive, besitzergreifende Bewegung. Auf dieser Ebene sind Begierde, Hass und Stolz alle direkt wirksame und nicht grundlegende Eigenschaften. Stolz ist hier das Gefühl der Selbst-Bewahrung in der Beziehung zu anderen. Zweifel ist das Gefühl, nicht über genügend Sicherheit in sich selbst zu verfügen. Dogmatischer Glaube ist das Festhalten an einer bestimmten Entdeckung, die wir gemacht haben; diese Vorstellung wollen wir nicht wieder loslassen, denn wenn wir dies tun, haben wir das Gefühl, dass nichts zum Festhalten übrig bliebe.

Der dogmatische Glaube als solcher unterteilt sich in verschiedene Arten, beispielsweise die philosophischen Glaubensvorstellungen, die eternalistisch oder nihilistisch sind. Der Eternalismus, die auf dem Ewigkeitsgedanken beruhende Vorstellung, geht davon aus, dass alles – im weltlichen wie auch im spirituellen Bereich – beständig und dauerhaft ist. Teil dieses Begriffs ist, dass unserer Erfahrung eine unvergängliche Bedeutung zukommt, dass ein höchstes und dauerhaftes Heil im Bereich des Erlebenden liegen könnte. Das gegenteilige Extrem ist der Nihilismus. Es ist der fatalistische Glaube, dass alles ohne Wert und sinnlos ist. Eine weitere dogmatische Tendenz ist der falsche Glaube an die Moral oder eine besondere Disziplin, die man befolgt, an welche man sich dogmatisch klammert und als philosophische Weltanschauung daran festzuhalten sucht.

Dann gibt es vier Arten von neutralen Gedanken: Schläfrigkeit oder Trägheit, verstandesmäßige Betrachtung, Gewissensbisse und Erkenntnis. Sie sind insofern neutral, als dass sie sich in verschiedene Muster, positive wie auch negative, einfügen können. Die theoretische verstandesmäßige Spekulation ist offensichtlich neutral, da sie im Dienste jeglicher Tendenz wirksam wird.

Gewissensbisse sind gewissermaßen ein Vorgang des Infragestellens, der eine Situation weiter klärt: Wir haben etwas falsch gemacht und empfinden Zweifel darüber, was uns zu einer Art von Wiederentdeckungsprozess bringt. Das ist insofern neutral, als dass dieser Vorgang des Offenlegens entweder im Hinblick auf die rücksichtsvollen oder die egozentrischen Strukturmuster funktionieren könnte. Erkenntnis ist ein neutraler Zustand, denn wenn man etwas lernt, hat man demgegenüber in diesem Augenblick eine unvorhersehbare und offene Haltung, bevor man den nächsten genaueren Blick darauf wirft, das heißt, bevor das Ego es seinem Hoheitsgebiet einverleibt. Es herrscht jenes augenblicklich offene Gefühl, dasjenige anzunehmen, was auch immer man gehört, was man verstanden hat. Schläfrigkeit oder Trägheit ist natürlich ebenfalls neutral, weil auch sie jene Möglichkeit einschließt, in einen offenen oder egozentrischen Zusammenhang hineinzugehören.

Diese Gedankenformen werden nun alle weiter unterteilt, und zwar entsprechend des instinktiven Verhaltens, womit sie verbunden sind, auf welche Art und Weise man sie auf die Außenwelt projiziert. Das geschieht entweder auf der Grundlage von Hass oder von Begierde. Hass bedeutet in diesem Falle eine natürliche Art von Aggression, Begierde ist eine natürliche Form des Verlangens. Alle diese Gedanken werden entweder durch instinktiven Hass oder durch instinktive Begierde hervorgerufen. Selbst scheinbar guten Gedanken, wie Mitgefühl beispielsweise, liegt auf der Stufe des Ego im Allgemeinen ein Gefühl von Hass oder Leidenschaft zugrunde. Das hängt davon ab, ob der gedankliche Prozess ursprünglich auf Hektik beruht oder auf irgendeiner Art von Mangel, was die Notwendigkeit bedeutet, von etwas Besitz zu ergreifen und sich ganz von etwas in Anspruch nehmen zu lassen. Zusätzlich liegt einigen Gedankenstrukturen Unwissenheit als Motivation zugrunde.

Die Beschäftigung mit dem Samskara-Skandha kann uns lehren, dass alle Erscheinungsformen der menschlichen Psychologie, welche Arten von Gedankenmustern auch auftreten mögen, sämtlich diese guten, schlechten und indifferenten Eigenschaften haben. Deshalb können wir wirklich nicht eine Denkstruktur als die einzig richtige bestimmen: So etwas wie völlige Aggression oder völlige Begierde oder völlige Unwissenheit gibt es nicht. Sie alle haben den leichten Hang zu den anderen Formen. Es geht darum, dass man deshalb nicht eine Form verdammen und eine andere völlig akzeptieren kann, selbst wenn es sich dabei um den spirituell hochstehenden Gedankentypus handelt. Er ist ebenso in Frage zu stellen wie alle anderen Gedankenformen. Dieser Punkt ist sehr entscheidend: Nichts ist völlig zu verdammen oder zu akzeptieren.

Von einem höheren Maßstab aus betrachtet, ist auch das Gesamtmuster der fünf Skandhas neutral, anstatt speziell zu Samsara oder zu Nirvana zu gehören. Eine Sache ist bei den fünf Skandhas jedoch ziemlich sicher und unverrückbar gültig: Sie produzieren unaufhörlich karmische Kettenreaktionen. Das ist immer und unzweifelhaft der Fall. Das karmische Muster kann natürlich nicht aus sich selbst heraus existieren, denn Karma ist nicht irgendein anderes Wesen, das unabhängig existiert. Karma ist ein schöpferischer Prozess, der Wirkungen hervorbringt, welche wiederum Samenkörner für weitere Wirkungen säen. Es ist wie mit dem Vorgang beim Echo. Wir rufen, unsere Stimme kommt zurück zu uns und wird ebenso auf die nächste Wand übertragen, und das setzt sich immer weiter fort. Die Skandhas könnten das Pferd des Karma genannt werden. Die Geschwindigkeit des Karma beruht auf den fünf Skandhas. Das natürliche, wie in der Chemie ablaufende Muster von Ursache-und-Wirkung gehört zum Karma selbst, doch die Geschwindigkeit, welche der Ablauf von Ursache-und-Wirkung braucht, damit er wirksam sein kann, sind die Skandhas.

Vielleicht sollten wir nun eine Diskussion anschließen.

FRAGE: *Haben Sie gesagt, dass Samskara weder mit Nirvana noch mit Samsara verbunden sei, oder trifft das auf alle Skandhas zu?*

ANTWORT: Auf alle Skandhas.

Das wundert mich. Sie haben doch gesagt, dass die guten Gedanken in irgendeinem Zusammenhang mit der Buddha-Natur stehen würden.

Nun, das ist durchaus möglich, wenn eine Betonung zugrunde liegt, die sich nicht auf das Ego bezieht. Sie werden deshalb als „gut" bezeichnet, weil es sich nicht um Verhaltensweisen der Selbstsucht im wortgetreuen üblichen Sinne handelt.

Besteht eine größere Möglichkeit für die Buddha-Natur in den Geisteszuständen, die als gut eingestuft werden?

Ja, es gibt eine Tendenz, näher am erwachten Zustand zu sein. Wird dieses Gute aber vom Ego genutzt, dann ist es zur gleichen Zeit nicht unbedingt absolut gut, sondern nur etwas Vorgetäuschtes.

Macht es dann irgendeinen Unterschied? Das heißt, ist es der Mühe wert, ein braver Junge sein zu wollen?

Das glaube ich nicht unbedingt. Selbst wenn solche Gedanken gut oder tugendhaft sein sollen, so können doch gleichzeitig Geduld oder Gewaltlosigkeit usw. nicht aus sich selbst heraus auftreten. Sie müssen den leichten Anstrich von Begierde oder Aggression oder auch von Unwissenheit haben, wie ich schon sagte. Sie können nicht die Grundenergie bilden, die sie begleiten muss, damit sie in Erscheinung treten können. Es gibt in keinem Falle etwas, das hundertprozentig gut wäre. Diese Tendenzen sind irgendwie eher leichter und schwerer als gut und böse.

Sie entstehen also alle aus Unwissenheit, Hass und Begierde.

Ja, das tun sie.

Ist der Faden, welcher sie verbindet, Wahrnehmung, Gefühl oder beides?

Mit ziemlicher Wahrscheinlichkeit ist es Form, die grundlegende Kontinuität, Unwissenheit, die es allen anderen ermöglicht, dass sie fortbestehen.

Das Wort Geschwindigkeit bringt mich durcheinander. Da gibt es eine Geschwindigkeit, die vom Ego angetrieben wird und immer schneller läuft, und es gibt auch eine Geschwindigkeit der universellen Energie oder etwas Ähnliches. Es gibt eine schädliche Geschwindigkeit, aber gibt es auch noch eine andere?

Nun, ich versuche gerade, das Wort Geschwindigkeit für eine Art von antreibender Aggression zu verwenden. Das ist aber nicht nur herabsetzend gemeint. Es hat auch einen positiven Aspekt, weil jegliche Art von Aggression, jede Form von Bewegung, die es gibt, immer von neutraler Energie begleitet wird. Geschwindigkeit ist daher reine Kraft, eine neutrale Kraft, die für verschiedene Zwecke eingesetzt werden kann. Auch die Buddha-Weisheit der Vollendung aller Handlungen könnte als Geschwindigkeit bezeichnet werden. Diese Geschwindigkeit gründet sich irgendwie nicht auf einer Zielvorstellung. Haben Sie einmal eine Zielscheibe oder das Kriterium, dass Sie von hier nach dort gelangen wollen, so wird das gesamte Geschwindigkeitsmuster dadurch zerstörerisch. Im Falle von Energie ohne eine Zielscheibe, ohne eine relativierende Vorstellung, tritt diese Geschwindigkeit einfach aufgrund ihres eigenen Wesens auf und kehrt wieder zurück. Sie führt Handlungen bis zum Ende aus und kommt zurück. ln diesem Falle folgt die Ausführung einer Handlung keinerlei Kriterium oder einer Modellvorstellung. Die Geschwindigkeit oder Energie wendet sich einfach nach außen und gelangt spontan in die natürliche Situation hinein; sie versucht, die natürliche Situation auf ihren höchsten Stand zu bringen und kehrt dann wieder zurück. Diese Art von Geschwindigkeit verhält sich nicht zwingend. Im Falle der Geschwindigkeit des Ego hat man einen festen Plan, was geschehen sollte, und in Entsprechung damit setzt man die Geschwindigkeit ein.

Man versucht die Situationen unter Kontrolle zu halten oder sie umzuformen. Das führt zu Enttäuschung und Verwirrung.

Sind diese dogmatischen Glaubensvorstellungen, wovon Sie gesprochen haben, im Allgemeinen nicht Glaubensvorstellungen von Seiten des „Beobachters"?

Wenn es irgendeine Neigung gibt, die Sie dazu bringt, an bestimmte Ideen zu glauben – besonders an philosophische Anschauungen wie die nihilistische oder die eternalistische –, dann sind Sie sich automatisch des Lernprozesses als etwas von Ihnen Getrenntem bewusst. Sie beobachten sich selbst innerhalb des Lernprozesses und verwenden bestimmte Werkzeuge von unterschiedlicher Intensität – entweder behutsame oder aggressive – , mit denen Sie ein bestimmtes Ergebnis zustande bringen wollen. Alle diese Glaubensvorstellungen sind daher gewissermaßen sehr vorsätzlich. Es handelt sich um einen natürlichen Denkprozess, doch dieser Denkprozess schließt das bewusste Bemühen mit ein: den absichtsvollen Versuch, gut zu sein oder von etwas Besitz zu ergreifen usw. Ausgenommen sind jene vier neutralen Strukturformen wie Schläfrigkeit und die übrigen; sie sind nicht vorsätzlich und werden deshalb als neutral bezeichnet. Sie können durch jede Art von vorsätzlichen Gedankenmustern beeinflusst werden. Sie schließen tatsächlich keinen Beobachter ein. Deshalb können sie auch von jeglichen vorsätzlichen Mustern, vom Ich oder Nicht-Ich genutzt werden. Die Übrigen sind jedoch sehr starr und eindeutig festgelegt.

Ist es der Beobachter, der alles, was geschieht, in eine dieser Kategorien, dieser samskarischen Typen von gut und böse, hineinbringt?

Ja. Durch die Institution des Ego entwickelt sich tatsächlich eine gewisse Art von gesundem Menschenverstand. Zu diesem Zeitpunkt ist das Ego so fest etabliert, dass es seine eigene Selbststeuerung und Regulierung entwickelt hat. Dies wird zu einer Art von gesundem Menschenverstand. Solange wir nämlich in das Ego-Spiel verstrickt werden, sind alle diese blitzartigen Eindrücke verschiedener Gedanken- und Begriffsformen keineswegs selbstständig. Sie befinden sich in völliger Abhängigkeit von zentralen Kommandostellen. Sie müssen sich immer selbst Bericht erstatten, damit Sie den festen Untergrund abgrenzen können. Das ist der Beobachter – und auch der Beobachter hat wieder einen Beobachter.

Würden Sie etwas mehr über Zweifel sagen? Gerade haben Sie vom Zweifel als einem der negativen Einflüsse gesprochen. Vorher haben Sie davon in einem positiven Sinne gesprochen.

Wir haben über zwei unterschiedliche Formen des Zweifels gesprochen. Die eine Form ist eine von den sechs Arten egozentrischer Gedanken. Das ist die Neigung des Ego, dass es aufgrund der Motivation durch Begierde, Zorn und Unwissenheit zweifelt. Es ist die Angst davor, den festen Boden zu verlieren; es handelt sich eher um Verwirrung als um Zweifel in einem intelligenten Sinn. Wir haben Angst, dass wir nicht überleben, damit wir unser ehrgeiziges Streben *so* durchziehen können, wie es sich vom Standpunkt der Ichheit aus gehört. Es ist mehr die Angst davor, den festen Grund zu verlieren, als Zweifel.

Der intelligente Zweifel, wovon wir vorher gesprochen haben, ist ein allgemeines Gefühl dafür, dass irgendetwas grundsätzlich nicht stimmt. Ein solches Samenkorn des Zweifels durchläuft den gesamten Prozess der fünf Skandhas. Es ist die Eigenschaft der Wissbegierde, der Geist, welcher in Frage stellt und das Samenkorn für den erwachten Geisteszustand ist. Das ist Zweifel oder Intelligenz, die nichts verteidigt. Es ist ein reiner Vorgang des Anzweifelns und nicht der Versuch, entweder dem Zustand des Ich oder des Nicht-Ich dienlich zu sein. Es ist lediglich ein Prozess des kritischen Sehens, der ständig abläuft.

Ich versuche, das auf die innere Erfahrung zu beziehen. Wie man weiß, präsentieren Assoziationen sich selbst und viele andere Dinge, wenn man ruhig dasitzt. Dann taucht ein Gedanke auf, er enthält eine Meinung in sich und dann Erinnerungen; dann entsteht ein Impuls, dass dasjenige, was ich gerade glaube, nicht unbedingt so sein muss. Es kann so sein oder auch nicht. Ich glaube, dass ich Folgendes fragen will: Befindet sich dies noch innerhalb des Strukturmusters von Anhaftung, oder bewegt es sich in einer etwas freieren Richtung?

Es ist sehr schwierig, etwas zu verallgemeinern. Das, was Sie umschrieben haben, könnte in sich selbst verschiedene Bedeutungen haben. Der Sinn könnte allein in einem Überlebensgedanken liegen; er könnte auch auf einem Gefühl für „vielleicht dieses, vielleicht jenes" beruhen – das Ego deichselt etwas um seiner besseren Position willen. Es gibt auch noch die andere Möglichkeit, dass er sich in einer Art von offenem Denken gründet. Das hängt von Ihrer Beziehung dazu ab.

Sie haben die Trägheit als einen der neutralen Zustände erwähnt. Ich frage mich jedoch, auf welche Art und Weise die Trägheit umgewandelt werden kann. Kann sie in der gleichen Weise gelenkt werden, wie sich intellektuelle Spekulation klären kann?

Trägheit kann eher irgendwie infiltriert als zu etwas anderem verwandelt oder hingelenkt werden. Das rührt daher, weil die Trägheit nichts Bestimmtes umfasst. Sie ist ein Vorgang, ein Denkprozess, dass man sich noch nicht ganz über etwas schlüssig geworden ist. So trudelt man halt einfach dahin. Es besteht also die Möglichkeit, dass Trägheit von irgendeiner Richtung her mit etwas infiltriert wird.

Ist Trägheit synonym mit Faulheit?

Nun, Worte sind in diesem Falle kompliziert. Faulheit könnte irgendwie den Beigeschmack eines unartigen Jungen haben: Man sollte dieses und jenes tun, will es aber nicht. Eine Art von Starrköpfigkeit. Träge meint dagegen eine allgemeine Schwerfälligkeit oder schläfrig zu sein, doch kein Spiel zu spielen. Es ist ganz aufrichtig und normal.

In diesem Sinne kann Trägheit also empfänglicher, passiver sein?

Ja, genau. Sie kann infiltriert werden.

Insoweit als wir versuchen, etwas zu sein, wäre es dann nicht besser, dass wir versuchen, aufrichtig anstatt gut zu sein? Ich meine aufrichtig in dem Sinne, dass wir unsere eigenen Ansprüche aufzugeben versuchen. Ist dies nicht das grundsätzliche Bemühen?

Ich glaube ja. Diese verschiedenen Arten von Gedanken und Vorstellungen werden tatsächlich aus dem Grunde eingeführt, damit wir unser psychologisches Erscheinungsbild in seiner vollsten Bildweite erkennen können; damit wir nicht den Versuch unternehmen, eine Art von Denkmuster als gut oder ein anderes als schlecht zu betrachten; damit wir stattdessen alles als sehr direkt und einfach ansehen.

Mir geht ein Bild im Kopf herum, dass die Skandhas Energie darstellen, die vom erwachten Geisteszustand abgekommen ist und verschiedene Formen angenommen hat. Sie hat ihren Ursprung verloren und verschiedene Formen angenommen. Spirituelles Verständnis scheint nun diese verloren gegangene Energie irgendwie erneut zu ihrer Quelle zurückzulenken. Als Sie aufgezeigt haben, dass Unwissenheit oder Form der Faden wäre, der alle Skandhas zusammenhält, habe ich jedoch noch ein weiteres Bild bekommen. Ich hatte dann den Gedanken, es sei einfach das Problem, die Unwissenheit nicht in Gang zu halten; wenn man vollkommen ruhig und unbeteiligt ist, wird sie sich einfach auflösen. Diese beiden Bilder vermitteln mir zwei unterschiedliche Einstellungen. Wissen Sie, was ich meine?

Nun, ich sehe darin keinerlei Schwierigkeiten. Unwissenheit ist das Bindemittel für alle Skandhas bis in das kleinste Detail hinein. Unwissenheit kann jedoch nicht aus sich selbst heraus ohne relative Situationen existieren, und die relative Situation für Unwissenheit ist der erwachte Geisteszustand, ist die Intelligenz, welche die Unwissenheit überleben oder sterben lässt. Wir könnten mit anderen Worten sagen, dass auch der erwachte

Geisteszustand in der gleichen Weise wie die Unwissenheit der Faden ist. Er läuft genau durch die Skandhas hindurch.

Er wäre aber nicht erwacht, wenn er dies tun würde.

Das wäre er schon. Unwissenheit hat ein Gefühl für den anderen – den erwachten – Aspekt der Polarität; darum verhält sie sich so, wie sie es tut. Es gibt eine ganz subtile Verbindung, die Unwissenheit zur grundlegenden Intelligenz der Buddha-Natur herstellt. Unwissenheit ist in diesem Falle deshalb nicht dumm, sie ist intelligent. Der tibetische Begriff für Unwissenheit, *marigpa,* bedeutet „nicht sehen, nicht wahrnehmen". Das bedeutet den Entschluss, nicht wahrzunehmen, den Entschluss, nicht zu sehen, den Entschluss, nicht hinzuschauen. Die Unwissenheit trifft bestimmte Entscheidungen, und nachdem sie nun schon einmal eine bestimmte Entscheidung getroffen hat, sucht sie diese um jeden Preis aufrechtzuerhalten. Häufig sieht sie sich harten Zeiten gegenüber, wenn sie ständig an dieser Entscheidung festhält, weil ein Handeln aus Unwissenheit nicht unbeschränkt, für immer und alle Zeiten weiterbestehen kann. Auch die Unwissenheit beruht auf Funken oder kurzen Blitzen von Unwissenheit, die auf einem bestimmten Boden wirksam werden, und der offene Raum zwischen zwei Funken des Ignorierens ist die intelligente Einsicht, dass sich dieser Vorgang von Unwissenheit gerade bemerkbar macht. Es geschieht auch gelegentlich, dass die Unwissenheit vergisst, ihre eigene Natur beizubehalten, so dass der erwachte Geisteszustand durchkommt. Ein meditativer Geisteszustand tritt daher spontan auf, wenn die Effektivität der Verwaltungsarbeit des Ego gelegentlich zusammenbricht.

Könnten Sie erklären, was Sie mit „Ego-Spiel" meinen?

Ich glaube, darüber haben wir schon während dieses ganzen Seminars gesprochen. Die grundlegende Vorstellung des Ego ist die Vorstellung des Überlebens, der Versuch, sich als „Ich bin", als Individuum zu bewahren. Nun gibt es, wie wir gerade gesagt haben, eine Neigung dazu, dass dieser Zusammenhalt gelegentlich zusammenbricht. Deshalb muss man alle möglichen Hilfsmittel der Bestätigung finden, womit man ein zusammenhängendes dichtes Ich, ein festgefügtes Ich bekräftigt. Manchmal muss das Ego wissentlich ein Spiel spielen, so als wäre nichts mit ihm schiefgelaufen. Es gibt den Durchblick vor, als wäre das Ego niemals in Erscheinung getreten, selbst wenn es dies insgeheim besser weiß. Wenn das Ego daher versucht, seine Stellung zu behaupten, bringt es uns in die merkwürdige Lage, dass wir versuchen, uns selbst zu indoktrinieren. Dieses Bestreben ist natürlich falsch. Doch selbst wenn wir wissen, dass es falsch ist, so ist dies noch keine sonderliche Hilfe, weil das Ego erklärt: „Darum geht es nicht. Wir müssen immer weiter den Versuch machen, dass wir überleben lernen, dass wir dieses Überlebensspiel spielen, etwas in Besitz zu nehmen, dass wir jede im Augenblick verfügbare Situation als Teil dieser Überlebenstechnik nutzen." Das schließt auch ein Machtspiel mit ein, weil die Verteidigungsmechanismen, welche wir errichtet haben, auf einer gewissen Stufe machtvoller werden als wir selbst. Sie werden überwältigend. Wenn wir uns dann an das überwältigende Wesen dieser Verteidigungsmechanismen gewöhnt haben und sie einen Augenblick lang fehlen, fühlen wir uns sehr unsicher. Dieses Spiel der Gegensätze setzt sich immer weiter fort. Im Ganzen betrachtet, spielt das Ego sein Spiel aufgrund der Unwissenheit darüber, was wirklich in einer Situation geschieht. Wir möchten sie ständig – und ziemlich stur – von unserem Standpunkt aus sehen, anstatt dass wir wahrnehmen, was sich wirklich dort abspielt.

Sie haben von einer Betrachtung der fünf Skandhas aus der Vogelperspektive gesprochen. Glauben Sie, dass man mit der Ausbildung von meditativem Gewahrsein die Entwicklung der Skandhas tatsächlich in sich selbst nacherleben kann?

Ja. In einem plötzlichen Einblick in Gewahrsein oder im meditativen Zustand sieht man, wie die Hochs und Tiefs der fünf Skandhas sich ereignen, wie sie sich auflösen und wieder zu entstehen beginnen. Die ganze Absicht bei der Meditation ist die Ausbildung dessen, was als „Auge der Weisheit", *Prajnaparamita,* transzendentes Wissen bezeichnet wird. Am Anfang, wenn man sich selbst beobachtet und sein psychologisches Strukturmuster allmählich entdeckt, ist es Wissen, Information. Plötzlich wird dieser Beobachtungsvorgang eigenartigerweise zu einem Erfahrungsprozess und befindet sich gewissermaßen bereits unter Kontrolle. Damit soll nicht gesagt werden, dass die Entwicklung der fünf Skandhas nicht mehr stattfinden würde. Die Skandhas ereignen sich unaufhörlich, bis sie in dasjenige verwandelt werden, was als die „fünf Tathagatas", die fünf Arten des erwachten Seins, bezeichnet wird.

Am Anfang müssen wir ein sehr scharfes und genaues Denken entwickeln, damit wir das erkennen, was wir sind. Es gibt keine andere Möglichkeit, um unsere intelligente Einsicht zu schärfen. Reine intellektuelle Spekulation würde sie überhaupt nicht schärfen, weil wir dabei so viel Zeug mit hineinbringen müssen, das stumpf und trüb macht. Die einzige Möglichkeit besteht darin, die Intelligenz mithilfe einer bestimmten Technik so zu belassen, wie sie ist. Dann lernt sie allmählich, wie sie sich entspannen, wie sie warten und zulassen kann, dasjenige in sich zu reflektieren, was sich zuträgt. Der Lernprozess wird zu einer Reflexion, anstatt dass Dinge neu erschaffen werden. Meditationspraxis bedeutet daher, dass wir warten und das, was aufsteigt, von der Intelligenz reflektieren lassen. Es ist so, als wenn wir einen Teich sich setzen lassen, damit wir das wahre Spiegelbild sehen können. Es gibt bereits so viele geistige Aktivitäten, die ständig ablaufen. Wenn wir weitere geistige Aktivitäten hinzufügen, so schärft das nicht die Intelligenz. Die einzige Methode ist die, sie sich lediglich entwickeln, sie wachsen zu lassen.

Eine der sechs Tugenden eines Bodhisattva ist Energie, Anstrengung, Virya. *Es fällt schwer, diese Tugend in einen Zusammenhang mit der Vorstellung von einer wartenden Intelligenz zu bringen.*

Nun, ich sehe kein besonderes Problem dabei. Die Bereitschaft, hart zu arbeiten, oder die Anstrengung bedeutet nicht unbedingt, viele Dinge zu tun. Das Warten an sich kann sehr harte

Arbeit sein, das Sein ist sehr harte Arbeit, und es gibt so viele Versuchungen, es nicht zu tun.

Gibt es so etwas wie ein erkennbares Ereignis innerhalb der Psyche, welches den Ablauf der fünf Skandhas und des Karma besonders anregt?

Ja, es ist das, was als die „unmittelbare Ursache" bezeichnet wird. Es ist die augenblickliche Gelegenheit, dass wir in eine weitere Folge von Ereignissen hineingeraten können – eine Art Sprungbrett. Jeder Übergang muss diesen dazwischenliegenden Augenblick haben. Selbst im Schlaf wirken die Dinge auf diese Weise. Er macht es möglich, dass wir aus dem Wachzustand heraus einschlafen; er trägt uns in den Träumen von einem Augenblick zum nächsten und ermöglicht uns dann wieder das Aufwachen. Von diesem Zustand, von dieser unmittelbaren Ursache ist das Karma abhängig. Ohne sie kann es nicht wirksam werden. Die gesamte Absicht bei der Meditationspraxis besteht darin, dass wir diesen Impuls im Zustand der Meditation nicht haben. Diese Plötzlichkeit oder Ruhelosigkeit wird automatisch losgelassen; jener plötzliche Impuls ist durch die Anwendung einer Meditationstechnik in einen fließenden Prozess umgewandelt worden. Auf diese Weise kann die Methode der Meditation ein Weg sein, womit das Einpflanzen des karmischen Samenkorns verhindert wird.

Von daher, was Sie gesagt haben, hat es den Anschein, dass die aktive Meditation im Handeln etwas damit zu tun hat, sehr stark ins Detail zu gehen. Man kennt etwas, und dann taucht etwas anderes auf. Und wenn man sich jetzt bloß diesem neuen Detail widmen könnte ...

Nun, die Meditation des Gewahrseins, die aktive Meditation im Handeln, ist ein Vorgang, welcher grundlegenden offenen Raum bereithält. Wenn Sie reden oder Dinge tun, handeln Sie innerhalb dieses offenen Raumes, so dass kein plötzlicher Stoß, keine plötzliche Verwirrung oder Schläfrigkeit eintreten kann. Dieses abrupte Sicheinschalten von Verwirrung kann nur dann stattfinden, wenn der grundlegende offene Raum verfestigt oder eingefroren worden ist. Vor dieser Art von verfestigtem Hintergrund spielt sich der karmische Prozess ab. Ist diese Festigkeit jedoch einmal durch das Eingeständnis verwandelt worden, dass ihr ein weiterer Aspekt zukommt, welcher offener Raum, Offenheit ist, dann wird jegliche Art von plötzlicher, impulsiver Bewegung in Übereinstimmung damit gebracht. Der gleiche Rhythmus setzt sich noch weiter fort, doch dieser Rhythmus wird nun zu einer schöpferischen Bewegung. Der Rhythmus der Ereignisse geht weiter, aber wir sind empfänglich dafür, dass sich dieser Rhythmus im Raum, auf einem offenen Boden abspielen kann; das wiederum bringt uns die Botschaft zurück, dass sich Meditation ereignet.

Wir müssen uns also nicht selbst dazu zwingen, daran zu denken; wir brauchen nicht zu versuchen, unser Gewahrsein ununterbrochen aufrechtzuerhalten. Sind wir einmal offen für die Herausforderung des Augenblicks, so leuchtet uns aus der Situation heraus plötzlich das Gewahrsein entgegen, während wir weitergehen. So entsteht ein ununterbrochen schöpferischer Prozess und überdies ein äußerst klar umrissener.

Wenn die Situation dieses Gewahrsein nicht zurückwirft, vergisst man es dann?

Nun, Sie erkennen das, was auch immer auftaucht, nicht als Ihr Eigentum an. Wenn Sie versuchen, etwas hochzuhalten und nicht aufzugeben, dann klappt das nicht. Es wird zu Ihrem geistigen Produkt. Wiederum verfestigen Sie den offenen Raum.

Ich möchte zurückkommen auf jenen Übergangsmoment bei Karma, wo es den Anstoß aufgreift. Ist das so zu verstehen, dass wir dieses Geschehnis feststellen, wenn wir in unserer Meditation Fortschritte machen, und können wir mit dieser Feststellung verhindern, dass es geschieht, und die Situation unter Kontrolle halten? Wenn wir einmal bemerken, was zu Karma führt, werden dann die Schritte für den Umgang damit wesentlich einfacher?

Nun, das ist ziemlich heikel. Theoretisch dürften wir die ganze Angelegenheit kennen; wenn wir jedoch im Geiste die Vorstellung hegen, dass unser Tun gerade den Versuch darstellt, dem Karma zu entkommen und daraus auszusteigen, dann werden wir bereits getäuscht. Es besteht dann die Wahrscheinlichkeit, dass wir uns unbewusst nicht in der rechten geistigen Verfassung befinden. Deshalb ist es bei der Meditationspraxis wichtig, dass zum Zeitpunkt der Übung alles auf einer einfachen Technik beruht, jedoch keinerlei Ziel oder Objekt hat – was auch immer das sein mag. Wir geben alles auf und geben uns voll und ganz der Praxis hin.

Ja, aber in den alltäglichen Situationen denke ich, dass es nützlich ist, wenn wir ganz bewusst feststellen, wie sich die Dinge ereignen.

Wissen Sie, wenn Sie ein bestimmtes Verständnis von der ununterbrochenen Qualität der Meditationserfahrung haben, die sich die ganze Zeit über ereignet, dann können Sie die Alltagssituation wie von selbst erkennen, ohne dass Sie vorsätzlich zu meditieren versuchen; das geschieht, weil die Alltagssituation wie eine Sie erinnernde Mahnung zu Ihnen kommt und Sie nicht versuchen, auf sie zuzugehen. Sie wird zu einem unaufhörlichen schöpferischen Prozess.

Sie haben von der schöpferischen Hervorbringung zeitweise so gesprochen, als wäre sie ein Vorgang innerhalb des Ego, und jetzt so, als wäre sie eher ichlos. Könnten Sie das klären?

Vermutlich könnte man sagen, dass es die Erschaffung durch das Ego und die wirkliche Erschaffung gibt. Ich glaube, dass es sich auch hierbei wieder um die Frage handelt, ob die Vorstellung von einer konkurrierenden Leistung, von einem Idealbild oder Ziel gegenwärtig ist oder nicht. Mit dem Schöpfungsbegriff des Ego verbinden wir das Konzept, dass wir etwas erreichen möchten, und wir versuchen, unsere Situation unserer Vorstellung von der tatsächlichen Leistung anzupassen. Wir vergleichen den Traum und die tatsächliche Realität. Das ist nicht der höchste schöpferische Prozess, sondern eine Einweg-Schöpfung, welche sich er-schöpfen kann. Wir bauen eine Sache auf und damit ist sie zu Ende; es gibt keinen Raum zum Weitergehen. Das ist eine sehr begrenzte Inspiration.

Bei der anderen Herangehensweise ohne Richtung und Objekt, ohne ein ausgedachtes Ziel, wirkt dagegen jede Situation als Endzweck in sich selbst. Wir begleiten diese Situation und sie bringt uns eine weitere, sie eröffnet eine andere Möglichkeit. Auf diese Weise gehen wir immer weiter. Das ist der Erfahrung des Bodhisattva vergleichbar, der sich durch die *Bhumis* oder Entwicklungsstufen hindurch entfaltet. Wenn eine *Bhumi* ganz durchlebt ist, geht er zur nächsten über. Ohne Ehrgeiz geht er immer weiter. Er hat kein Verlangen nach Erleuchtung, es führt ihn vielmehr eine Situation zur nächsten, bis er eines Tages gewahr wird, dass er erleuchtet ist. Das geschieht, weil er eine Beziehung zu den Dingen aufgrund ihres eigenen Wertes und nicht wegen seines eigenen Ziels herstellt.

Der ehrgeizige Typus einer schöpferischen Hervorbringung ist also derjenige des Ego. Die andere Möglichkeit besteht darin, eine natürliche Wertschätzung für die Schöpfung an sich zu haben, anstatt dass wir gefesselt werden von dem, was *wir* tun. Wenn wir uns mit der wirklichen Schöpfung selbst, der Freude daran, in Einklang bringen, so wird dies zu einer unerschöpflichen Quelle für Kreativität.

Vielleicht entsteht an dieser Stelle das Gefühl, mit den Unterteilungen des Abhidharma – dem Entwicklungsprozess der Skandhas und den vielfältigen Aspekten von Form, Gefühl, Wahrnehmung und Samskara – bombardiert zu werden. Deshalb würde ich es für gut halten, wenn wir an dieser Stelle in einer sehr praktischen Weise über die Meditationsübung sprechen und wie sie sich in den psychologischen Verlauf einfügt, den wir besprochen haben. Die Meditation ist eine Möglichkeit, unsere grundsätzliche Situation mit Forscheraugen zu betrachten und dabei das Wesentliche zu erkennen, womit es sich auseinanderzusetzen gilt. Vielleicht glauben wir jedoch, dass wir uns mit überhaupt nichts auseinandersetzen müssen. Vielleicht sollten wir einfach alles geschehen lassen und den Gedanken an Meditation aufgeben. Das ist natürlich auch eine Möglichkeit – und eine sehr verlockende überdies. Der Grund, weshalb wir uns auf Meditation einlassen, ist jedoch ebenso verlockend. Wenn wir in die Meditation einsteigen, beginnen wir unsere psychologische Situation sehr deutlich und direkt zu erkennen.

Ich glaube, ein grundsätzliches Problem besteht für uns alle darin, dass wir sehr selbstkritisch sind; dies geht so weit, dass wir sogar unsere eigenen Feinde sind. Meditation ist ein Weg, uns mit diesem Hader auszusöhnen, uns selbst anzunehmen und Freundschaft mit uns zu schließen. Dabei können wir vielleicht feststellen, dass wir nicht ganz so übel sind, wie uns gesagt wurde. Wir werden auch herausfinden, dass die Meditationspraxis nichts Exotisches und Erhabenes ist und nicht so weit außerhalb unserer Reichweite liegt, dass wir sie nicht zu fassen bekommen. Die Meditationsübung ist etwas, das sich auf einer ganz persönlichen Ebene ereignet. Sie schließt eine intime Beziehung zu uns selbst ein, sie erfordert große Vertrautheit. Sie hat nichts damit zu tun, dass wir vollendet werden, dass wir diesen oder jenen vollkommenen Zustand erreichen. Sie bedeutet nichts weiter, als das anzunehmen, was wir sind, und unsere tatsächlichen psychischen Abläufe wirklich zu untersuchen, ohne dass wir uns ihrer schämen. Sie bedeutet, dasjenige in der rechten Weise und vollständig anzunehmen, was wir sind. Sie bedeutet nichts weiter als Freundschaft mit uns selbst.

Ehe wir nicht dazu in der Lage sind, Freundschaft mit uns selbst zu schließen, gibt es keinerlei Hoffnung. Wenn wir uns selbst als hoffnungslosen Fall, als Bösewichte aufgeben, gibt es kein Sprungbrett. Nehmen wir diese Haltung ein, dann müssen wir ständig nach etwas Ausschau halten, das viel besser als wir selbst ist. Dieser Versuch, auf der Stelle vor uns selbst davonzulaufen, kann sich ständig fortsetzen und immer weitergehen. Tatsächlich tun wir genau das.

Meditation kommt demnach in Berührung mit unserer tatsächlichen Situation – mit den rauen und ungehobelten, den schmerzlichen und verwirrenden, mit den widerwärtigen Dingen, welche in unserem Wesen und Sein vorgehen. Doch selbst wenn unsere Wesensverfassung abstoßend ist, sollten wir einen Blick hineinwerfen. Das ist ein wunderbarer Anblick. Es ist sehr eindrucksvoll, wenn wir entdecken, dass derartige Dinge innerhalb der natürlich vorhandenen Situation existieren. Es handelt sich dabei um eine weitere Dimension von natürlicher Schönheit. Die Menschen sprechen davon, dass sie die Schönheit der Natur wie das Bergsteigen und den Anblick von Giraffen und Tigern in Afrika wertschätzen; niemand scheint jedoch für diese Art von natürlicher Schönheit empfänglich zu sein, die in uns selbst liegt. Sie ist in der Tat weitaus schöner als die Pflanzen- und Tierwelt, weitaus phantastischer, weitaus schmerzhafter, farbenfroher, köstlicher und alles Übrige.

Meditation führt in diese Art von natürlicher Situation hinein, in die organisch-natürliche Situation dessen, was wir wirklich sind, und sie tut dies direkt, sorgfältig und gründlich. Damit wir das bewerkstelligen, können wir nicht einfach einen Hubschrauber mieten und ohne alle Umstände mitten in den Kern der Sache hineinfliegen. Wir haben auch nicht das Geld, womit wir eine derart phantastische Maschine erstehen können. Was sollen wir also tun? Es ist doch ganz offensichtlich, dass wir dorthin laufen, dass wir einfach zu Fuß dorthin gehen. Wir müssen zuerst in die Landschaft dieser innersten natürlichen Schönheit hineingelangen und uns in ihr bewegen. Genau dies bedeutet der erste Schritt der Meditation: in unsere natürliche psychologische Situation hineingehen, ohne dass wir versuchen, irgendein schickes touristisches Gefährt dafür zu finden. Es bringt nichts, von dem Versuch zu träumen, wie wir zu einem exotischen Landrover oder zu einem tollen Hubschrauber kommen können. Es ist sehr angenehm, wenn wir einfach laufen und damit einen Anfang machen.

Die buddhistische Überlieferung stellt uns die Entdeckungen großer Lehrer bereit, welche diesen Prozess in der Vergangenheit durchlaufen haben. Sie empfiehlt uns direkt vorgehende Meditationstechniken, so wie *Annapannasati,* die Identifikation mit dem Atmungsvorgang, und bestimmte Formen von Achtsamkeitsübungen. Diese Übungen sind für unsere tatsächliche psychologische Situation von Gültigkeit. Es handelt sich dabei nicht um die Spielereien von Millionären. Wir können es uns nicht leisten, dass wir in irgendwelche fremdartigen Visualisierungen, magische Praktiken oder Zauberkunststücke hineingeraten. Diese entsprechen den Spielzeugen der Reichen: schicke Landrover, Hubschrauber und Düsenflugzeuge. Wir müssen mit unseren eigenen Ressourcen ans Werk gehen und bescheiden, sehr gewöhnlich und einfach anfangen. Unser Sprungbrett ist unsere gegenwärtige Situation, so wie sie tatsächlich ist. Wir beginnen mit einer einfachen Übung wie dem Gehen oder Atmen. Dies ist keinesfalls aufwendig, es handelt sich um eine natürliche Sache. Wir können ruhig atmen und gehen, wir müssen ohnehin atmen, wir müssen ohnehin gehen. Das scheint der Ausgangspunkt für die Meditation zu sein.

In diesem Sinnzusammenhang ist die Beziehung zwischen Meditation und den Skandhas ziemlich interessant. Je mehr wir einsteigen in die groben, unverhüllten Grundelemente dessen, was wir wirklich sind, desto mehr stellen wir eine Verbindung zu den Skandhas her. Wir können keine Beziehung zu den Skandhas herstellen, wenn wir ihnen Masken aufsetzen oder sie mit Kommentaren verkleiden. Wir können uns nur auf sie beziehen, so wie sie in ihrer unverhüllten Rohform wirklich sind. Wir meditieren auf eine solche Art und Weise, dass der Nachdruck auf Form und die acht Bewusstseinsarten gelegt wird, weil wir nämlich versuchen, den ignorierenden Aspekt der Unwissenheit auszuschalten – und das ist der Schmerz oder die Dualität, welche allem zugrunde liegt. Wir versuchen, uns mit der vorhandenen körperlichen Situation des Gehens oder Atmens in Verbindung zu setzen. Es ist sehr direkt und sehr natürlich, wenn wir dies tun. Der Schmerz und die Freude des Gefühls brauchen in das Gehen und Atmen nicht einbezogen zu werden. Diese Aktivitäten sind nichts anderes als eine einfache Quelle höchster natürlicher Schönheit. So weit die Wahrnehmung davon betroffen ist, müssen uns Atmen und Gehen nicht in irgendwelche vergleichenden Kriterien oder relative Vorstellungen, in logisches Denken oder irgendwelche Gedankenspielereien überhaupt hineinziehen. Wir atmen und gehen einzig und allein und identifizieren uns mit dem einfachen Seinsprozess. Auf der Stufe von Samskara machen es Atmen und Gehen nicht erforderlich, dass wir zu irgendeiner Art von Gedanken eine Assoziation herstellen. Wir brauchen zu diesem oder jenem Gedanken keine Verbindung zu schaffen. Gedanken liefern allerlei faszinierende Möglichkeiten: „Warum versuchen wir nicht, diesen tugendhaften Gedanken an Geduld zu fassen? Warum mache ich mich nicht mit diesem tugendhaften Gedanken der Gewaltlosigkeit vertraut? Warum werde ich nicht einfach zornig und lasse mich von Leidenschaft mitreißen? Warum werde ich nicht einfach selbstgefällig und lasse es mir in meiner Unwissenheit wohlergehen?“ Innerhalb der einfachen Meditationspraxis, wenn wir nur atmen und gehen, kommen diese Versuchungen nicht zum Zug, weil sie nicht wirklich genau sind. Sie haben wahrhaftig nicht jene Genauigkeit, welche die Meditation anbietet – die scharfe, erwachte und vollkommen genau arbeitende Qualität, sich mit der tatsächlichen Situation, so wie sie ist, auseinanderzusetzen. Wenn wir zu dieser eine Verbindung herstellen, haben wir nichts weiter nötig.

So hat uns die Betrachtung der fünf Skandhas bis zu dem Punkt geführt, an dem wir verstehen, dass es nichts weiter zu tun gibt, als zu meditieren. Diese besondere Darstellung der menschlichen Psychologie in Form der fünf Skandhas scheint überhaupt die einzig mögliche Darstellung zu sein. Sie überzeugt uns davon, dass es nur darum geht, sich mit etwas Unmittelbarem und Frischem zu befassen. Meditation lässt sich damit vergleichen, frisches Gemüse aus dem eigenen Garten zu ernten, anstatt zum Supermarkt zu gehen und dort abgepackte Dinge einzukaufen. Wir treten geradewegs hinaus in den Garten, ernten frisches Gemüse und kochen es. Dies scheint eine genaue Analogie für die Meditation zu sein.

Gibt es irgendwelche Fragen?

FRAGE: *Sie scheinen mir zum Ausdruck zu bringen, dass die Meditation in ihrer Anwendung auf dieser Stufe des Spiels grundlegender, auf der Ebene des alltäglichen Abwaschs sein sollte; das würde bedeuten, sie ist stärker auf den Körper bezogen. Ich frage mich, ob etwas subtilere Handlungen so wie Sprechen oder Lesen auch als Körperübungen betrachtet werden können, die eine Basis schaffen.*

ANTWORT: Ich glaube schon, denn Sie müssen Ihren Körper dafür benutzen. Sie müssen mithilfe Ihrer Augen lesen; Sie müssen die Bücher in der Hand halten und zum Reden den Mund benutzen.

Ist dann aber das Gewahrsein dessen, wie die Hände das Buch halten oder wie der Mund die Worte formt, nicht unfair dem

Verfasser des Buches oder demjenigen Menschen gegenüber, mit dem man spricht? Ist das nicht allzu ichbezogen?

Nun, das hängt davon ab, ob Sie völlig eins mit dem sind, was Sie tun, oder ob Sie Spiele treiben. Das ist ziemlich einfach.

Sie erwähnen, dass die Meditation eine Möglichkeit sei, um Freundschaft mit uns selbst zu schließen. Für mich scheint sie uns doch mehr zu unseren eigenen Feinden zu machen, insofern es sich um einen weitaus schmerzhafteren Vorgang handelt, als es das Eingehen einer Freundschaft gewöhnlich ist. Ich möchte gern wissen, ob Sie dies wohl ein wenig klarstellen könnten.

Diese schmerzhafte Erfahrung ist sehr gut, weil sie der Anfang zu der Freundschaft mit sich selbst ist. Wenn Sie wirklich darangehen, eine langfristige Freundschaft mit jemandem zu schließen, so ist wahrscheinlich das Erste, was Ihnen bei diesem Menschen auffällt, dasjenige, was Sie nicht an ihm mögen. Das ist der Ausgangspunkt, der ein festes Fundament für Ihre Freundschaft abgibt. Das ist eine wirklich zuverlässige Grundlage, denn wenn Sie diese Dinge bereits einbezogen haben, werden Sie sich später von nichts irritieren lassen, was auch immer Ihnen mit diesem Freund widerfahren mag. Weil Sie alle negativen Aspekte kennen und sich vor dieser Seite der Beziehung nicht zu verstecken brauchen, sind Sie nun völlig offen dafür, auch die andere, die positive Seite zu finden. Das ist übrigens auch eine sehr gute Art und Weise, mit sich selbst oder jemand anderem Freundschaft schließen zu können. Andernfalls fühlen Sie sich hinters Licht geführt, wenn Sie die Fehler erst später entdecken.

Wie passen die fünf Skandhas in die Meditation hinein?

Das ist eine sehr schwierige Frage. Die fünf Skandhas bilden einen Entwicklungsprozess in fünf Stufen, und diese Entwicklung ist nicht in der Meditation enthalten. Meditation beschäftigt sich lediglich mit der Situation, die vor jener Entwicklung existiert hat, oder sie setzt sich einfach weiterhin mit der grundsätzlichen Situation auseinander, während diese Entwicklung abläuft. Anders ausgedrückt bedeutet Meditation, einfach zu werden, anstatt sich in diesen fünf Stufen zu verfangen. Diese fünf Stufen verlieren an Bedeutung oder laufen lediglich als äußere Erscheinung ab. Das bedeutet, dass wir zur grundlegenden Qualität der fünf Skandhas gelangen, anstatt zu versuchen, ihrem tieferen Sinn auf die Spur zu kommen; dies tun wir für gewöhnlich in der Manier eines Jägers, so als wollten wir eine gültige Lösung damit erreichen. Meditation führt zu dem Punkt, der diesem Entwicklungsablauf zugrunde liegt, und lässt sich nicht in die Seitenwege hineinziehen.

Natürlich ist die Entdeckung dieser fünf Entwicklungsabläufe dabei schon irgendwie sehr erheiternd. Auch wenn wir uns mit dem entscheidenden Punkt auseinandersetzen, bringt es uns zum Lachen, dass diese fünf Entwicklungsabläufe vorhanden sind.

In dem Spiel zwischen Unwissenheit und Intelligenz, das die gesamte Entwicklung der Skandhas durchläuft, scheint es Augenblicke zu geben, wo die Skandhas nicht in Erscheinung treten. Es hat den Anschein, als werde etwas sehr rasch aufgebaut, und dann – puff – verschwindet der Vorgang, bis er wieder von Neuem beginnt.

Das ist der springende Punkt – es wird etwas aufgebaut, und dann löst sich dieser gesamte aufbauende Prozess wieder in Nichts auf. Es gibt dabei eine Lücke, einen offenen Raum. Dann baut man entweder von Neuem auf oder man lässt es sein. Auf jeden Fall gibt es diesen Augenblick. Der Entwicklungsprozess baut sich selbsttätig auf; davor und danach gibt es jedoch einen gewissen offenen Raum. Es ist damit so, als wenn man sich rasch in einer Richtung fortbewegt und plötzlich umkehren und zurückkommen muss – auf dem Höhepunkt muss man anhalten. Es entsteht ein Augenblick der Ruhe, wenn man an einem Punkt anhalten muss, während man die Geschwindigkeit wiederherstellt. So kommt dies zustande.

Geht man rückläufig durch die Skandhas? Ich meine damit, dass unser Geist im Allgemeinen voller Gedanken zu sein pflegt, wenn wir uns hinsetzen und meditieren. Wir meditieren dann ein wenig länger, und vielleicht sind unsere Gedanken dann nicht mehr so diskursiv verbunden, so dass man dann eine direkte Beziehung zu seinen Wahrnehmungen herstellt. Dann erreicht man einen Punkt, an dem man sich auch nicht mehr so stark auf seine Wahrnehmungen bezieht; sie sind nicht mehr so wichtig für einen. Dann hat man noch ein verschwommenes Gefühl für den Kontakt mit dem Strom der eigenen Assoziationen. Dann hat man nur noch ein verschwommenes Gefühl davon, dass man dort sitzt. Und dann befindet man sich vielleicht in einem nicht mehr dualistischen Zustand. Könnte es sich nicht derart verhalten?

Das klingt ein wenig unwahrscheinlich. Dasjenige, wovon Sie sprechen, geht nämlich immer tiefer, läuft immer langsamer. Irgendwie läuft das mit der Meditation nicht so. Wenn Sie einmal immer tiefer, immer langsamer in diese Tiefgründigkeit eindringen, so besteht die Möglichkeit, dass Sie davon hypnotisch angezogen werden und jegliche Verbindung zu allem verlieren. Sie verlieren die dynamische Qualität von Samskara, die dynamische Qualität von Wahrnehmung, die dynamische Qualität von Gefühl. Diese aber sind die einzigen Richtwerte für die Buddha-Aktivität in einem erwachten Geisteszustand. Sie möchten diese auch überhaupt nicht hinausbefördern. Sie brauchen sich auf diesen Vorgang des tieferen Hineingehens gar nicht einzulassen. Wenn Sie sich am Anfang mit Form beschäftigen, so läuft vielmehr eine irgendwie komische Sache zwischen Gewahrsein und Verwirrung ab. Es gibt ein bestimmtes komisches Moment dabei. Das fällt Ihnen zuerst auf, ob Sie nun mit dem Atmen oder mit dem Gehen arbeiten. Das ist Ihr Ausgangspunkt, wie auch immer Ihre Technik beschaffen sein mag. *Genau dort* ereignet sich Meditation. Sie brauchen keineswegs einen ganzen Prozess zu durchlaufen. Dieser Vorgang geschieht ganz von selbst. Der wesentliche Punkt ist jedoch die Genauigkeit und plötzliche Qualität jenes blitzartigen Eindrucks, wo zwischen grundlegender geistiger Gesundheit und Krankheit eine Art von erstem lnfragestellen geschaffen wird. Dieser erste Augenblick von schwarz und weiß, von dumpfer Trübheit und Schärfe, ist der Ausgangspunkt, von dem aus Sie eine Beziehung zu Ihrem Atmen oder Gehen herstellen. Sie brauchen überhaupt nichts zu verlangsamen. Meditation hat nichts damit zu tun, in jener Art und Weise mit dem Stoffwechsel des Ego zu arbeiten.

Im Herz-Sutra *heißt es, Avalokiteshvara habe gesehen, dass die fünf Skandhas leer seien. Ist diese Leerheit das Gleiche wie der offene Raum, wovon Sie gerade gesprochen haben?*

Ja. Der Grundgedanke ist ein plötzliches Aufblitzen. Deshalb ist es wichtig für jemanden, dass er frei ist von seiner Meditation als einer konzeptuellen Vorstellung, frei ist von der Idee: „Nun werde ich meditieren“, frei von jeglichem Gefühl eines Rituals. Wenn nämlich jemand dazu in der Lage ist, auf einer alltäglichen Ebene – auf einer geistig gesunden Ebene – eine direkte und einfache Beziehung zu seiner Meditationspraxis herzustellen, dann gibt es auch die Möglichkeit, dass er die fünf Skandhas als leer wahrnimmt. Sobald Sie andererseits erst einmal den falschen Ausgangspunkt wählen, an den Skandhas nacheinander auf systematische Weise zu arbeiten, dann werden die fünf Skandhas ein ebensolches System entwickeln.

Würde die Erfahrung von Leerheit dann nichts anderes sein als eine Betrachtung aus der Vogelperspektive, anstatt dass die minutiöse Wirkungsweise einer Situation erkannt und das wahrgenommen wird, was von Augenblick zu Augenblick entsteht?

Sobald Sie erst einmal eine gute Luftaufnahme des gesamten Geländes besitzen, bedeutet dies, dass Sie gleichzeitig auch über alle Details verfügen. Es handelt sich um dasselbe. Andernfalls kann man es nicht als eine Luftaufnahme bezeichnen, sondern es ist nur ein verschwommenes Abbild.

BEWUSSTSEIN

Der fünfte Skandha ist Bewusstsein. Das bedarf einer gewissen Klärung, da wir das Wort „Bewusstsein" bereits am Anfang des Seminars in Verbindung mit dem Form-Skandha verwendet haben; dabei umfasst es die acht Bewusstseinsarten. Das Bewusstsein des fünften Skandha unterscheidet sich von demjenigen, worüber wir vorher gesprochen haben. Bewusstsein im Sinne des fünften Skandha umfasst die letzten Feinheiten bei der Entwicklung der Skandhas, ist die subtile Vollendung dieses Vorgangs. Bewusstsein beim ersten Skandha bildet eine Art von grundlegendem psychologischem Hintergrund, wobei die Möglichkeiten des Bewusstseins in achtfacher Form vorhanden sind. Hier, beim fünften Skandha, sprechen wir von dem Reifungsprozess dieser Möglichkeiten. Auch das wird in Form von acht Bewusstseinsarten beschrieben, und dabei handelt es sich um genau die gleichen Kategorien in der gleichen Anordnung wie beim ersten Skandha.

Ein weiterer Punkt, der hier geklärt werden muss, ist die Unterscheidung zwischen „Geist" und „Bewusstsein". In der buddhistischen Überlieferung ist Geist allein das, was wahrnimmt. Das erfordert keinerlei Gehirntätigkeit, sondern es ist reine Wahrnehmung auf der Ebene des Nervensystems. Diese einfache instinktive Funktion wird „Geist" genannt. Der Sanskrit-Begriff dafür ist *Chitta,* was wörtlich „Herz", aber auch „Essenz" bedeutet; das ist jene grundlegende Geistessenz, die das Wahrnehmungsvermögen einschließt. Diese als „Geist" bezeichnete Form der Wahrnehmung – auf heiß und kalt, angenehm und unangenehm usw. zu reagieren – ist gleichzeitig sehr direkt, einfach und subtil. Bewusstsein andererseits ist klar ausgeprägt und intelligent. Es ist der bis zum Ende durchentwickelte Zustand, der alle vorangegangenen Elemente in sich einschließt. Er umfasst alle grundlegenden feinen Ausformungen von „Geist“, die instinktmäßigen Aspekte auf der Gefühlsebene und auch die Denkmuster. Er schließt jede Form des Denkvorgangs in sich ein. Der Denkprozess befindet sich hierbei jedoch auf einer unterbewussten Stufe, ob er nun diskursiv, bildhaft oder instinktiv ablaufen mag. Bewusstsein ist jene Art von schleichender Grundqualität, die hinter den tatsächlichen lebendigen Gedanken, hinter den Samskaras abläuft. Die deutlich hervortretenden Gedanken, die Samskaras, sind sozusagen die tatsächlichen ausgewachsenen Gedanken, während die Gedanken, welche vom Bewusstsein hervorgebracht werden, das „Unterholz“ jener Gedanken sind. Sie wirken als eine Art Füllwerk. Das gesamte Netzwerk der Psychologie arbeitet in einer solchen Weise, dass es für die sich deutlich ausdrückenden Gedanken – ob sie nun sittlich hochstehend, bösartig oder neutral sind – unmöglich ist, ohne irgendeinen Bezugspunkt im Nichts zu schweben. Die unterbewussten Gedanken schaffen den Bezugsrahmen, der für die sich deutlich ausdrückenden Gedanken notwendig ist. Sie stellen diejenige Art von Füllwerk oder Hintergrundstruktur bereit, die den Prozess so ablaufen lässt, dass die nächsten, der äußerlichen Abfolge dienlichen Gedanken durchkommen können. Sie sind gewissermaßen eine Art Brennholz.

Das gesamte Strukturmuster ist nämlich, wie wir sehen, sehr effektiv aufgebaut. Selbst wenn nun der zweite Skandha des Gefühls nicht vollständig wirksam wird oder wenn die Wahrnehmung nicht ganz richtig arbeitet, kann das Bewusstsein mithilfe seines unterbewussten Geschwätzes das fehlende Element beschaffen und den ganzen Ablauf in Bewegung halten. Es wirkt wie eine Zündung. Es beginnt mit einer bestimmten Themenstellung und sendet dann seine Botschaft zu den anderen Skandhas zurück, wie um damit den Prozess der Skandhas anzuregen und den gesamten Mechanismus am Laufen zu halten.

Das Bewusstsein errichtet auf diese Weise eine unmittelbar verfügbare Quelle der Beschäftigung, womit die Eigendynamik der

Skandhas Nahrung erhält. Wie wir vorher bereits besprochen haben, stellt Meditation fast die einzige Möglichkeit dar, um dieser Eigendynamik Einhalt zu gebieten. Genau hier spielt Meditation eine sehr wichtige Rolle. Sie sorgt für eine gewisse Lücke innerhalb der Bewegung von Gedanken des Samskara-Typus und sogar im Gefüge von Gedanken des Bewusstseins-Typus. Sie stellt eine Lücke bereit, in der kein dünnes Anzündholz mehr enthalten ist. Diese Lücke schafft eine Art Chaos innerhalb des psychologischen Ablaufs, Chaos für den mechanistischen Aufbau karmischer Situationen. Dieses Chaos hilft beim Erkennen dessen, was unterhalb von all diesen Denkmustern liegt, und zwar gleichermaßen der sich deutlich ausdrückenden wie der unterbewussten Formen. Es beginnt das zu enthüllen, was darunterliegt.

Dasjenige, was sich darunter befindet, muss nicht unbedingt besonders reizvoll sein. Wir könnten zwar die Theorie aufstellen, dass dasjenige, was darunterliegen müsste, den buddhistischen Lehren zufolge natürlich der erleuchtete Geist ist. Dem ist jedoch nicht so. An diesem Punkt ist dasjenige, was sich darunter befindet, die Ansammlung von verborgenen, verdrängten Gedanken. Diese Schicht entspricht dem umwölkten Geist, über den wir schon früher gesprochen haben, diesmal jedoch auf der Ebene des fünften Skandha. Hier liegt eine weitere Sammelstelle von Erinnerungen, die dort abgelegt worden sind. Alles, was wir einmal nicht zur Kenntnis nehmen wollten, wovon wir uns nicht entmutigen lassen wollten oder dessen wir uns schämen, gelangt in diese Sammelstelle der Verwirrung – den umwölkten Geist. Dieser umwölkte Geist wirkt als Behälter für diese Ansammlungen. Schamhafte Gedanken, ungewollte Gedanken, alles mögliche unerwünschte Material ist hier zur Seite gelegt worden. Die Meditation stellt eine Situation her, wo diese Gedanken an die Oberfläche gebracht werden, weil sie genau durch das gedankliche Strukturmuster hindurchläuft und den Untergrund des umwölkten Geistes berührt. Auf diese Weise wird die Bank geknackt und der Behälter aufgebrochen.

Es besteht deshalb die Wahrscheinlichkeit, dass der Anfänger in der Meditationspraxis durch alle möglichen emotionalen und aggressiven Gedanken hindurchgehen muss. Am Anfang tauchen besonders diejenigen Gedanken auf, welche man überhaupt nicht mehr sehen oder hören möchte. Für die Meditation wirkt das Bewusstsein als Ausgangspunkt. Ohne Bewusstsein kann man nicht meditieren. Am Anfang muss man die Meditation auf einer rein gedanklichen Ebene ausüben, einem Wachtraum vergleichbar. Es ist nur eine Vortäuschung von Meditation; man gibt vor, dass man meditiert. Mithilfe dieser Vortäuschung, durch die Suggestion, dass man Meditation praktiziert, wird jedoch das Bewusstsein umgewandelt. Auf diese Weise wird das unterbewusste Netzwerk ebenso wie das Bewusstsein selbst sich allmählich seinen Weg bahnen. Die Geschwindigkeit des Bewusstseinsvorgangs an sich wird herabgesetzt und dann gelangt man zu dem, was darunterliegt.

Wir können daher sagen, dass Bewusstsein im Sinne des fünften Skandha zwei Aspekte hat: den unterbewussten Aspekt und den aktiven Aspekt, bei welchem sich die sechs Sinnesorgane und der umwölkte Geist in Aktion befinden. Diese sich tatsächlich realisierende Wirkungsweise des umwölkten Geistes befindet sich auf einer gänzlich anderen Ebene als der umwölkte Geist des ersten Skandha, der in einem reinen Embryonalzustand war.

Vielleicht sollten wir nun eine Diskussion anschließen.

FRAGE: *Wo kommt das Gedächtnis hinein? Ist es in allen Skandhas angelegt?*

ANTWORT: Das Gedächtnis steht damit in Verbindung, wenn man Dinge in den umwölkten Geist hineinsteckt. Dies ist ein aktiver Prozess, wobei das Bewusstsein gewisse Themen aufgreift, sie in bestimmte Zusammenhänge gruppiert, sie dann an den umwölkten Geist weitersendet und sie gemeinsam mit der Ansammlung von gewollten und ungewollten Gedanken, die sich bereits dort befinden, in die Sammelstelle des umwölkten Geistes einbringt. Dasjenige, was den umwölkten Geist ausmacht, sind nicht nur Gedanken, die man ablehnt oder verdrängt hat, sondern sie enthalten auch das, worauf man in Zukunft gern wieder zu allen möglichen Zwecken zurückgreifen will. Es kann sich dabei um eine technische Information, Versuchsmaterial, um Schmerz und Freude, um urkomische Dinge handeln. Was es auch immer sein mag, das Bewusstsein hat es aufgegriffen und in diese Sammelstelle des umwölkten Geistes hineingesteckt.

Warum muss es unbedingt „umwölkter Geist" heißen? Warum nicht einfach bloß „Geist"?

Es ist einfach bloß Geist – aber der Geist kann nicht überleben, ohne dass er sich auf etwas bezieht, ohne dass er dieses mit jenem verbindet. Der Geist hat keinerlei Bedeutung, wenn es keinen relativen Bezugsrahmen gibt. Dieser Bezugsrahmen, der zum Überleben aufrechterhalten werden muss, dieser Prozess, sein zusammenhängendes Strukturmuster aufrechtzuerhalten, *ist* Unsicherheit, *ist* Verwirrung. Verwirrung bedeutet den Vorgang, dass ein Gefühl von Relativität aufrechterhalten wird. Denn wenn wir etwas für zukünftige Zwecke bewahren oder es verstecken wollen, damit wir es nicht zu sehen brauchen, müssen wir es in ein Niemandsland, in einen noch ungeklärten Raum versetzen. Wir müssen es fernhalten von dem gegenwärtigen Brennpunkt der Klarheit. Das *ist* der umwölkte Geist, der keine besonders scharfen Abgrenzungen zwischen diesem im Verhältnis zu jenem hat, sondern ganz allgemein bloß Verwirrung ist.

Wodurch geschieht das Aussortieren, welches Dinge verdrängt, so dass sie in diese Ansammlung aus Verdrängtem hineingeraten können?

Das Bewusstsein scheint etwas herauszugreifen und gibt es dann an Samskara weiter. Von da aus wird es zu den Wahrnehmungen und Gefühlen gesendet, dann wird es verarbeitet und schließlich zu der Sammelstelle zurückgeschickt. Das Bewusstsein arbeitet irgendwie so ähnlich wie Essstäbchen: Es greift einen Eindruck auf und gibt ihn dorthin weiter, wo er gekaut werden kann. Es reicht nicht ganz aus, ihn nur aufzupicken; er muss in gewisser Hinsicht verfeinert werden und den Prozess sämtlicher Skandhas durchlaufen.

In der Meditation greifen wir einen Gedanken, einen störenden Gedanken aus dieser umwölkten Sammelstelle auf. Was geschieht dann mit diesem Gedanken? Kehrt er zu der Sammelstelle zurück? Brennt er herunter? Verschwindet er jemals? Löst er sich jemals völlig auf?

In vielen Fällen werden Gedanken sich nicht auflösen, weil der gedankliche Eindruck, den wir herausgegriffen haben, noch weiter im umwölkten Geist bleibt; eine Art Abdruck davon verbleibt dort. In einigen Fällen, beispielsweise während der Meditation, wenn wir Gedanken als belanglos ansehen, das heißt, wenn wir sie nicht mehr in irgendwelche Begriffsklassen hineinstecken, werden sie nicht mehr durch die Skandhas zurückübertragen. Sie werden durch den Prozess nicht zurückgebracht, daher werden sie auf der Bewusstseinsebene außer Kraft gesetzt und schließlich aufgelöst. Das völlige Fehlen einer Bewertung von Gedanken ist die Möglichkeit zu ihrer Auflösung. Solange diese Bewertung fehlt, können die Skandhas ihre Funktion nicht ausüben. Sie wissen nicht, was sie mit einem Gedanken anfangen sollen, der keine Einschätzung erfährt, weil ihre Sprache die Sprache von Dualität und Bewertung ist. Darum halten sie die Gedanken in einer *Sammelstelle* fest.

Es würde also die Aufgabe anstehen, den umwölkten Geist durch eine Art von Objektivität zu tilgen?

Nun, das ist ein außerordentlich langer Prozess. Schließlich wird sich die Sammelstelle selbst erschöpfen; in der Zwischenzeit müssen wir jedoch noch mit dem Sammeln fortfahren.

Es klingt so, als habe die Dualität ihr eigenes eingebautes Strukturmuster, wovon das Ego nur ein Teil ist. Von daher, was Sie sagen, handelt es sich – mit anderen Worten – nicht darum, dass das Ego nur in seinem eigenen Interesse auswählt und befestigt, sondern es hat den Anschein, dass diese Auslese und Befestigung dem Wesen der Dualität selbst innewohnt. Es verhält sich so, als ob die Skandhas lediglich automatisch auswählen und ebenso auch ohne ein besonderes Interesse einsortieren.

Ja, sie sind eher so etwas wie Sklaven, anstatt intelligent zu sein. Ihre Aufgabe ist ihnen gemäß ihrer Natur zugeteilt worden und sie reagieren einfach entsprechend.

Gibt es eine andere Möglichkeit, mit dem umwölkten Geist zu arbeiten, als die Meditation?

Es scheint keinerlei andere Möglichkeit zu geben. Damit wir uns von dem Strukturmuster des umwölkten Geistes befreien können, müssen wir Chaos innerhalb des wirksamen Bewusstseinsmechanismus hervorrufen, und nichts kann dies bewirken außer dem völligen Nichts – und das ist die Meditation. Das scheint die einzige Möglichkeit zu sein.

Ist es gut, wenn wir während der Meditation versuchen, eine Art von positivem Schritt für die Arbeit an unserem Geisteszustand zu machen?

Wissen Sie, Meditation sollte nicht als Lernprozess betrachtet werden. Sie sollte als ein Erfahrungsprozess angesehen werden. Sie sollten nicht versuchen, aus der Meditation zu lernen, sondern sie zu spüren. Jede Neigung, dasjenige nach Lernkategorien zu ordnen, was sich während der Meditation ereignet, ist ein Hindernis für die Meditation. Das trifft auch auf exotische Techniken zu. Sie sind ebenfalls ein Hindernis, denn wenn Sie eine Technik anwenden, die einen exotischen Beigeschmack hat, sind Sie sich mehr der Technik als ihrer Anwendbarkeit bewusst. Jede Technik, die in der Meditationsübung Verwendung findet, sollte daher rein funktionsbezogen sein und keinerlei tiefere Bedeutung erhalten.

Wie steht es mit der Betrachtung über die Natur des eigenen Geistes oder vielmehr einer Art von Wiedererkennen davon?

Das ist eher wie eine kontemplative Betrachtung in dem Sinne, dass Sie bei etwas verweilen und immer wieder darüber nachdenken. Das heißt, der Gegenstand, woran Sie arbeiten, und Sie selbst sind getrennt. Es wird zu einer Art von privater Vorführung. Sie kommen schließlich dahin, dass Sie zwischen diesem und jenem, zwischen sich selbst und dem thematischen Gegenstand einen Zusammenhang herstellen. Meditation ist jedoch ein nicht-dualistisches Vorgehen. Die Technik, welche Sie anwenden, sollte nicht von Ihnen getrennt sein; sie ist identisch mit Ihnen, Sie *sind* die Technik. Der Meditierende und die Meditation sind eins. Mit einer Beziehung hat das nichts zu tun.

Der Haken bei der betrachtenden Kontemplationsübung besteht darin, dass sie immer eine Beziehung, eine Art von Unterscheidungsmerkmal mit sich bringt. Irgendwie wird damit die Grundwurzel der Neurose nicht wirklich durchgeschnitten. Die Wurzel der Neurose ist Konflikt; die Neurose braucht den Konflikt, dass Sie nicht wissen, wer Sie sind, dass Sie nicht wissen, was Sie tun oder wie Sie eine Verbindung zu den Dingen herstellen können. Die Neurose muss dieses konfliktreiche Spiel spielen. Solange deshalb für irgendeine Art von Hilfsmittel zum Weiterspielen dieses Spiels gesorgt ist, wie beispielsweise irgendein thematischer Gegenstand, solange eine Ausflucht bereitgehalten wird, werden Sie mit dem Spiel immer weiter fortfahren. Es kommt wirklich nicht darauf an, ob Sie dies in einer feinen spirituellen Manier oder auf die übliche Art und Weise tun. Es bleibt trotzdem ein Spiel.

In den Künsten gibt es Techniken, die man zu dem Zweck erlernt, dass man die Techniken überwindet, damit man zu der direkten Erfahrung vorstoßen kann. Ich habe mich gefragt, ob Sie – abgesehen von der Meditation – über andere Techniken sprechen können, die auf diese Art und Weise eine Hilfe sein könnten, ein Werkzeug, um sich selbst zu öffnen oder näher an das Sein heranzukommen.

Zusätzlich zu der Form der Meditation im Sitzen gibt es im alltäglichen Leben die Meditationsübung des panoramaartigen

Gewahrseins. Diese besondere Art von Praxis ist verbunden mit der völligen Identifikation mit denjenigen Tätigkeiten, mit welchen man beschäftigt ist. Diese Praxis von Gewahrsein lässt sich auf die Kunst oder jede andere Aktivitätsform anwenden. Sie erfordert Vertrauen. Jede Form von Aktivität, welche Disziplin erfordert, erfordert auch Vertrauen. Ohne Vertrauen können Sie keine Disziplin haben, sonst wird diese zu einer Tortur. Wenn Sie Vertrauen in das setzen, was Sie tun, dann haben Sie eine wirkliche Beziehung zu den Dingen, die Sie verwenden, zu dem Material, das Sie benutzen. Ein Mensch, der auf diese Art und Weise arbeitet, sorgt sich nicht darum, ob er Meisterwerke herstellt. Er ist lediglich mit den Dingen beschäftigt, an denen er arbeitet. Die Vorstellung von einem Meisterwerk ist irgendwie unerheblich. Das Meisterwerk, das vollkommene Kunstwerk, ergibt sich als Nebenprodukt aus diesem Identifikationsprozess mit dem, was Sie tun. Sie sollten sich nicht allzu viele Gedanken um die Herstellung eines Meisterwerks machen.

Ich bringe Achtsamkeit und Gewahrsein durcheinander. Praktiziert man Achtsamkeit, wenn man alltägliche Dinge, einfache Dinge tut? Und wenn man an den Punkt gelangt, wo man das vergisst, was man tut, und mit offenen Augen träumt, sollte man dann mit der Praxis von Gewahrsein beginnen?

Bei der Praxis von Achtsamkeit gibt es eine ganz unzweideutige Genauigkeit; jede Bewegung, jedes winzige Detail wird bemerkt. Im Falle der Praxis von Gewahrsein haben Sie die allgemeinen Umrisse dessen, was Sie tun, was sich natürlich auch auf die Details erstreckt. Bei der Praxis des Gewahrseins im Alltagsleben verwandelt sich an einem gewissen Punkt der umherschweifende Geist selbst, der im Wachzustand träumende Geist selbst, in Gewahrsein und erinnert Sie. Wenn Sie völlig eins mit dem Gedanken an Gewahrsein als etwas Ihnen Vertrautes sind, dann ist das wahre Praxis. Das heißt, solange Ihre Beziehung zu dem Gedanken an Gewahrsein sehr einfach ist und solange Ihre Praxis von Gewahrsein mit der Sitzpraxis verbunden wird. Bei einer korrekt ausgeführten Praxis von Gewahrsein besteht die völlig korrekte Beziehung darin, dass Gewahrsein auf Sie zukommt, anstatt dass Sie selbst auf es zugehen. Anders ausgedrückt, wenn Gewahrsein nicht beherrscht oder besessen wird, dann kann es sich ereignen. Wenn Sie dagegen versuchen, Gewahrsein zu beherrschen oder zu besitzen, wenn Sie sich darauf als „mein Gewahrsein" beziehen, dann läuft es vor Ihnen davon. Um das zu verstehen, müssen Sie die tatsächliche Erfahrung machen und nicht bloß die Speisekarte lesen.

Ich bin sehr an Musik interessiert. Für mich kann die Kunst nur dann einen Sinn haben, wenn sie eine vollkommene Aussage einer bestimmten, sehr klaren Qualität vermittelt. Innerhalb dieses Bezugs bin ich sehr stark beeindruckt worden von der Qualität, welche von manchen Keramikfiguren eines Lohan ausstrahlt, die man in westlichen Museen betrachten kann. Ich würde gern einen Weg finden, mit dessen Hilfe ich dieser Art von Aussage in meinem eigenen Leben näher kommen kann. Alles Übrige scheint so trivial zu sein.*

Im Allgemeinen beruht die ganze Idee von einer richtigen Würdigung natürlich auf einem echten Verständnis der Dinge, so wie sie sind. Das bedeutet, dass Sie zuerst ein echtes Verständnis entwickeln müssen, und das bedeutet ein Verständnis, in das keine anderen Ideen hineingelegt werden. Ist es von anderen Ideen überlagert, so wird es eher zu einem Kommentar oder eigener Interpretation als zu echtem Verständnis. Wirkliche Einsicht bedeutet eine direkte und einfache Wertschätzung, ein einfaches Verstehen, an dem keinerlei Bewertungskriterien festgemacht werden. Ich glaube, dass diese Vorstellung ihren sehr klaren Ausdruck in vielen japanischen Kunstformen findet, beispielsweise in der Anordnung von Blumen. Es wird lediglich ein einfacher Zweig ausgewählt, nur wenige Blumen werden auf eine bestimmte Art und Weise angeordnet, und die beiden Grundelemente werden zusammengesteckt. Vielleicht liegt noch ein

---

* Anm. d. Übs.: chin. *Lohan,* Skt. *Arhat* = realisierter buddhistischer Heiliger

kleiner Stein daneben, und dahinter befindet sich ein sehr einfacher schmuckloser Hintergrund ohne irgendwelche kunstvollen Muster, vor dem man das eigentliche Blumenarrangement genau sehen kann. Auch der Lohan, den Sie erwähnt haben, ist von derselben einfachen Qualität. Er täuscht eben überhaupt nichts vor. Er sitzt einfach da. Das erinnert an den Zen-Ausspruch: „Wenn ich esse, dann esse ich; wenn ich schlafe, dann schlafe ich." Es geht dabei um die gleiche Angelegenheit. Wenn Sie sitzen, dann sitzen Sie in angemessener Form. Sitzen Sie einfach ganz gewöhnlich. Tatsächlich rührt das besondere Wesen des Lohan von der Tatsache her, dass er so unbedeutend, so völlig unbedeutend ist; so gewöhnlich, dass er schon wieder übergewöhnlich ist. Aufgrund dieser völligen Alltäglichkeit wird er wieder besonders und das strahlt er aus.

Rinpoche, wie fügt sich die Geisteskrankheit in die fünf Skandhas ein? Wie würden Sie den geistigen Wahnsinn im Hinblick auf dieses System erklären?

Nun, es scheint zwei Arten von Geisteskrankheit zu geben – ich weiß nicht, ob Geisteskrankheit das richtige Wort ist oder nicht –, zwei Arten von unausgeglichenen Geisteszuständen. Einen davon bezeichnen wir als „ausgeflippt", wirklich verrückt. Weil die Welt gegenüber dem verrückten Menschen ein vollkommen und nachdrücklich unbarmherziges Erscheinungsbild angenommen hat, nimmt er jedes neue Ereignis in Form dieser totalen Verzerrung wahr und verliert seine natürliche Logik. Das ist verbunden mit der Verzerrung des Bewusstseins, des fünften Skandha. Es liegt eine völlige Verformung auf dieser Ebene vor; alle unterscheidenden Kriterien dieser Stufe gehen verloren. Der Betreffende ist vollkommen verrückt. Seine Sprache ist zusammenhanglos; er tut alle möglichen Dinge, die keinerlei zusammenhängenden Sinn haben. Der andere Typus ist in diesem Sinne überhaupt nicht verrückt. Dieser Menschentypus erfüllt seine Funktion auf natürliche und normale Weise, er sorgt für sich selbst, doch wird die Distanz immer verzerrt. Dieses Gefühl für Distanz ist die grundlegende Bedingung für eine angemessene Kommunikation. Damit jemand in der rechten Weise kommunizieren kann, muss er sich dieses natürlichen Abstandes zwischen den Menschen bewusst sein; er muss ein Gefühl dafür haben, ob er die Initiative ergreifen oder warten sollte. Diese Art von Distanz wird sehr verzerrt, so dass die Kommunikation ungeschickt gehandhabt wird, und über diese Blindheit herrscht dann Frustration. Diese bringt dann Aggression und die Forderung nach Schmerz hervor. Dieser Typus ist der Egozentriker, der von krankhafter Selbstsucht besessen ist. Sein Hauptkennzeichen ist die grundlegende Verwirrung darüber, dass er das Gefühl für Distanz verliert; das steht in Verbindung mit dem umwölkten Geist auf der anfänglichen Stufe als dem Hintergrund aller Skandhas. Die Verwirrung befindet sich hier auf der Stufe, wo sich die ursprünglichen Unterscheidungskriterien entwickelt haben, die dieses von jenem trennen, auf der Stufe der allerersten Ausbildung von Dualität. Hier entsteht zuerst die Distanz: der Abstand zwischen mir und jenem, zwischen diesem und mir. Man verliert die Distanz, weil man ichbezogen von so viel an *Hier* völlig überwältigt und hineinverstrickt wird. Das ist die extreme Form der Egozentrik.

Ist dies zugänglich für eine Heilung?

Ich glaube ganz bestimmt, dass beide Formen geheilt werden können. Es ist jedoch, wie man weiß, wirklich schwierig, derartige Probleme zu heilen. Es hängt sehr stark davon ab, welche Art von Methode man anwendet. Es gibt eine Anzahl von Methoden, die scheinbar gut sind; dann stellt sich jedoch heraus, dass sich die Methode selbst in Brennstoff verwandeln kann. Der Heilungsprozess selbst wird zum Brennstoff dafür, mit der geistigen Störung weiterzuleben. Irgendwie scheinen die psychoanalytische Methode und die methodische Form der Encounter-Gruppe nicht unbedingt der Weg zu sein. Wenn man einen Menschen in eine Encounter-Gruppe steckt, mag er am Anfang Dinge erkennen und sie völlig aufrichtig, in einer offenen Art und Weise tun; von einem gewissen Punkt an beginnt er jedoch damit, den Stil der anderen Leute aufzugreifen, die an der Gruppe teilnehmen, und die Sprache nimmt eine andere Form an. Mit großer Wahrscheinlichkeit gewöhnt sich diese Person allein wegen ihrer Teilnahme an Encounter-Gruppen einen gänzlich neuen Stil an. Es ist sehr erschreckend, dass daraus die äußerste Form von Enttäuschung entstehen kann: Dieser Mensch bringt alles zum Ausdruck und spricht alles aus; gleichzeitig gibt es jedoch eine grundsätzliche Enttäuschung, die überhaupt nie ihren Ausdruck findet.

Bei jeder rein analytisch vorgehenden Methode gibt es eine gewisse Gefahr. Das Wort hilft aus irgendeinem Grunde überhaupt nicht allzu viel. Tatsächlich ist das Wort irgendwie sogar die Quelle für die Verwirrung. Menschen, die „ausgeflippt" sind, gebrauchen ihre Worte im Einklang mit ihrer verrückten Betrachtungsweise auf eine sehr geschickte Art und Weise. Daher kann ihr Wahn endlos weiterleben.

Es scheint wirkungsvoller zu sein, wenn eine gewisse Art von umfassender Allgemeinsituation für einen solchen Menschen geschaffen wird. Beginnen Sie mit der materiellen Grundsituation von Nahrung und Lebensraum. Die ganze Idee, sich die Situation zunutze zu machen, gilt der Kommunikation mit dem unausgeglichenen Menschen, so als gehe es darum, ihn aufzuwecken. Beginnen Sie daher auf der grundlegenden Überlebensstufe, auf der instinktiven Ebene, auf der Ebene des Tierbereichs. Der Betreffende sollte ein bestimmtes Gefühl von instinktmäßiger einfacher Kontaktaufnahme haben. Fangen Sie auf diese Weise an. Wenn Sie dann diese Art von einfacher Kommunikation auf der Überlebensstufe aufgebaut haben, wird alles Übrige viel einfacher und ziemlich offenkundig.

Wenn diese fünf Skandhas mechanisch ablaufen, wenn sie einfach das tun, was sie tun, was geschieht dann, wenn das Individuum, das Teil dieser fünf Skandhas ist, Mitgefühl entwickelt? Was passiert mit den Skandhas? Können Sie den Vorgang des Mitfühlens im Hinblick auf die Skandhas beschreiben?

Der Grundgedanke des Mitgefühls ist Kommunikation, geschickte Kommunikation. Diese Art von geschickter Kommunikation entfaltet sich aufgrund von Beziehungen. Sie beginnt auf der Bewusstseinsebene. Tatsächlich ist Mitgefühl jedoch die Quelle für die Umwandlung aller Skandhas in die fünf Tathagatas oder die fünf Aspekte von Erleuchtung, über welche wir bereits gesprochen haben.

Mitgefühl lässt die Skandhas unabhängig voneinander und nicht als Glied einer Kette wirksam werden. In der Regel ist Gefühl abhängig von Form, Form ist abhängig von Gefühl, Gefühl ist abhängig von Wahrnehmung und Samskara usw. Sie alle befinden sich in gegenseitiger Abhängigkeit und können nicht voneinander getrennt sein. Werden die Skandhas dagegen in die Tathagata-Prinzipien umgewandelt, dann werden sie voneinander unabhängig. Mit anderen Worten, alle Skandhas haben ihren eigenen selbstständigen Geist und ihre Form der Intelligenz. Dieser Vorgang, dass die Skandhas voneinander unabhängig werden, nimmt von Mitgefühl aus seinen Anfang. Kommunikation, die sich auf dieser geistigen Verfassung gründet, ist die höchste Form der Kommunikation.

Ich sehe die Skandhas weiterhin als Teil der Psychologie eines Individuums. Den Vorgang des Mitfühlens sehe ich so, dass sich jemand wie eine Maschine verhält und dann plötzlich feinfühlig wird. Ich sehe mich immer noch dazu gezwungen, dies auf irgendeine Weise als eine dualistische Beziehung wahrzunehmen, selbst wenn die fünf Skandhas zu den fünf Tathagatas werden. Ich meine damit die Beziehung von einem, sagen wir einmal mitfühlenden Menschen zu denjenigen, mit welchen er ein Verhältnis herstellt.

Es muss weiterhin eine dualistische Beziehung bestehen bleiben. Daran ist überhaupt nichts Verkehrtes. Im Falle von Mitgefühl wird dieser Prozess jedoch nicht zentral in einem Punkt vereinigt. Dualität in einem letztlich gültigen Sinne umfasst nämlich Weisheit und Mitgefühl; diese beiden Gegenpole sind notwendig. Wenn sich unsere fünf Skandhas in die fünf Tathagata-Prinzipien umwandeln, haben wir immer noch Dualität, lassen uns jedoch überhaupt nicht mehr von ihr täuschen. Es handelt sich um eine natürliche Funktion. Wenn wir von Nicht-Dualität sprechen, so meinen wir das im Gegensatz zu der Verwirrung aufgrund von Dualität, die für gewöhnlich vorliegt.

Der Meditationsprozess versucht also, die Verbindung zwischen den Skandhas durchzuschneiden? Und angenommen, ein Mensch hat genügend meditiert, er würde dann zwar sämtliche Skandhas haben, doch sie wären einfach nicht miteinander verbunden?

Das stimmt, sie wären nicht miteinander verbunden. Damit ist das Durchschneiden der karmischen Verkettung gemeint. Die fünf Skandhas bilden die Kette des Karma. Selbst nachdem die Verbindungsglieder durchschnitten worden sind, funktionieren die Skandhas weiter, der Prozess zieht sich weiter durch. Tatsächlich sind die Skandhas nicht wirklich miteinander verbunden; es verhält sich vielmehr so, dass sie gegeneinandergeschoben werden. Durch die Meditation verlangsamen wir diesen Vorgang. Wenn er sich verlangsamt hat, werden die Skandhas nicht mehr gegeneinandergeschoben. Da ist offener Raum, der schon dort ist.

Wenn die fünf Skandhas unabhängig voneinander tätig werden, was geschieht dann mit dem Gedächtnis?

Das Gedächtnis wird für jeden von ihnen zu einer Art Inspiration für ihre geschickte Aktivität. Geschickte Aktivität ist deshalb da, weil wir uns nicht mehr zurück auf das Gedächtnis zu beziehen brauchen. Die Erinnerung ist nämlich eine sehr feige Art und Weise, sich mit einer Situation auseinanderzusetzen. Da wir nicht in direktem Kontakt mit der augenblicklichen Situation stehen, müssen wir auf das zurückgreifen, woran wir gewöhnt sind. Und auf genau diese Art und Weise gehen wir vor. Wenn wir dagegen eine direkte Verbindung zu der gegenwärtigen Situation herstellen, so wie es mithilfe der Inspiration der Fall ist, dann brauchen wir die Erinnerung nicht mehr, um uns unseren Weg durch die Situation zu bahnen. Wir können alles aus der vorliegenden Situation entnehmen. Die Erfahrung aus der vergangenen Situation haben wir aufgrund der gegenwärtigen Situation aber immer noch – und zwar durch die gegenwärtig vorliegende Situation und nicht ausschließlich in Form von dem, was gewesen ist.

Wenn wir daran arbeiten, die Skandhas voneinander zu trennen, wird dann jeder einzeln für sich langsam weggeschoben, oder geschieht dies für alle plötzlich und gleichzeitig?

Das ist ein ganz allmählicher Prozess, so wie das Verheilen einer Wunde. Insgesamt scheint es so etwas wie plötzliche Erleuchtung, wie sie im Allgemeinen verstanden wird, nicht zu geben. Natürlich gibt es die plötzliche Entdeckung verschiedener Entwicklungsstufen. So ist es, wenn Sie entdecken, dass Ihr Haar ergraut ist oder dass Sie dick geworden sind.

Sie haben gesagt, dass wir die Meditation mit Ehrgeiz beginnen. Noch immer übt das Bewusstsein seine Kontrolle über alles aus. An einem bestimmten Punkt, so haben Sie gesagt, taucht die Sammelstelle der unterbewussten Gedanken auf und das Bewusstsein hat die Herrschaft verloren. Das scheint mir auf dem Wege in Richtung von Erleuchtung zu sein. Ich frage mich nur, ob wir immer mit Ehrgeiz meditieren, solange bis wir erleuchtet sind?

Sie beginnen mit irgendeiner Art von Ehrgeiz. Auf einer bestimmten Stufe folgt die Meditation dann dem instinktiven Gefühl. Dann können Sie nicht mehr meditieren – es geschieht mit Ihnen.

Wenn sich aber der Prozess der Skandhas selbst umzukehren beginnt und das Bewusstsein die Kontrollfunktion verliert, dann hat man doch seinen ursprünglichen Ansporn verloren. Von dem Standpunkt aus, wo man begonnen hat, ergibt dasjenige, was man jetzt tut, keinen Sinn mehr.

Ja, genau. Das ist der Punkt, wo die Techniken allmählich wegzufallen beginnen. Das Gleiche gilt auch für alle Spiele, die damit beschäftigt sind, sich selbst vorzutäuschen, dass man meditiert.

Was wird denn dann während dieses stufenweisen Prozesses, der noch im Gange ist, so anziehend an der Meditation und ersetzt das ehrgeizige Streben? Die Leute wollen sich selbst dann noch hinsetzen und meditieren, wenn sie schon fast erleuchtet sind.

Sie beginnen mit ehrgeizigem Streben und dann sickert sozusagen die Meditation langsam in Ihr System ein. Allmählich braucht Ihr System die Meditation. Es kommt zu so etwas wie einer Art von gewohnheitsmäßiger Abhängigkeit, von allmählicher Durchtränkung des Systems. Das tritt bei den Bodhisattvas auf. Sie legen ein Gelübde ab, dass sie keine Erleuchtung erlangen wollen, stellen jedoch eines Tages fest, dass sie trotzdem Erleuchtung erlangt haben, weil die Praxis ihr System vollkommen durchdrungen hat. Ihr Verhalten ist zur vollständigen Verkörperung des Dharma geworden.

Wenn man über die Dualität, über vergleichende Kriterien hinausgelangt, gibt es immer noch Relativität und immer noch Form. Es gibt noch immer eine Art von Unterscheidung zwischen diesem hier und jenem dort. Würden dann nicht auch zum Beispiel spirituelle Glückszustände, Einsicht und Klarheit den Vorzug erhalten? Oder kommt man an den Punkt, wo es keinerlei Unterschied mehr ausmacht, ob die Formen himmlisch oder dämonisch sind?

Es gibt eine Stufe, auf der sich alle diese irgendwie plumpen Formen der Dualität auflösen. Es gibt eine sehr, sehr plumpe und geballte Dualität, in welcher dieses hier ohne jenes dort nicht überleben kann. Dieses ereignet sich nur aufgrund von jenem. Wir erreichen den Zustand, wo wir diese Art von konzeptueller Vorstellung ablegen. Es ist uns dann bewusst, dass wir dies verloren haben und darüber hinausgelangt sind: Wir fühlen uns freier und haben doch gleichzeitig das Gefühl, etwas gewonnen zu haben. Damit ist aber noch nicht der Endpunkt erreicht. Wir haben noch immer die Erinnerung daran, dass wir diese grobe Dualität fallen gelassen haben, dass wir derartige Vorstellungen zwar gehabt, sie jetzt aber abgelegt haben. Man kann jedoch sogar noch darüber hinausgelangen. Man erreicht einen Punkt, wo selbst das Gefühl dafür keine Gültigkeit mehr hat, dass die Dualität fehlt. Die ganze Sache wird sehr natürlich und offensichtlich. Auf dieser Ebene beginnt jemand wirklich, die Dinge so wahrzunehmen, wie sie sind. Es entwickelt sich allmählich eine Art von transparenter Erfahrung der Dualität, in welcher die Dinge wirklich klar umrissen sind, ohne dass sie voneinander abhängen. Es gibt kein Gefühl von Vergleich, sondern nur Genauigkeit. Schwarz ist schwarz und Weiß ist weiß.

Ich bin ein wenig verwirrt durch die Unterscheidung zwischen panoramaartigem Gewahrsein, das nicht die unzweideutige Qualität der Achtsamkeit hat, und einer Art von verschwommenem Zustand, der auftauchen kann. Ich spreche von jenem verschwommenen Zustand, in welchem man Werkzeuge überall herumliegen lässt, eine Sache halb fertig zurücklässt und mit der nächsten beginnt usw. Das scheint die Art von Traumzustand zu sein, der häufig genau dann auftaucht, nachdem man seine Meditation beendet hat. Es scheint einfach nicht darauf anzukommen, wo wir unsere Werkzeuge hinlegen. Entspricht panoramaartiges Gewahrsein dieser Art von Verschwommenheit?

Das panoramaartige Gewahrsein bei der Meditation im Handeln schließt Strukturen ein. Diese Strukturen sind ein Teil seines Betätigungsfeldes. Sie erkennen Dinge in ihrer richtigen Form, in ihrer eigenen richtigen Ausformung, ihrer eigenen richtigen Situation; dabei handelt es sich um eine Art von Genauigkeit, von Schärfe. Diese Schärfe und Genauigkeit kommt aus dem Erleben der Distanz, des angemessenen Abstandes, wovon wir vorher gesprochen haben. Sie haben ein unmittelbares Gefühl für die richtige, die geschickte und aktive Verbindung mit Dingen oder Menschen. Sie erfahren sie ganz und gar so, wie sie sind – und daher gehört auch das Werkzeug in den Werkzeugschuppen. Es sind ja keine Messer und Gabeln oder sonst etwas anderes. Sie würden ja auch nicht die Toilette zum Baden und das Waschbecken für die Ausscheidung benutzen. Ein Gefühl für die richtige Verbindung zu den Dingen ist in Ihrer panoramaartigen Sehweise mit enthalten. Sie würden Dinge einfach nicht verkehrt herum tun. Im Falle des verschwommenen Zustandes handelt es sich um den umwölkten Geist auf der instinktmäßigen Ebene. Man ist so sehr mit sich beschäftigt, dass sich überhaupt keine Gelegenheit für eine panoramaartige Sicht bietet. Es gibt überhaupt kein Panorama. Man ist von seiner eigenen kleinen Welt völlig in Anspruch genommen. Andere sehen, wie man sich sehr langsam, sehr sacht bewegt, wie man wenig spricht und sehr geheimnisvolle Dinge tut, aber trotzdem könnte dies kaum als ein kontemplativer Geisteszustand bezeichnet werden. In den Schriften ist es vielmehr als ein berauschter Elefant bezeichnet worden.

Wir sind mit den planmäßigen Themen am Ende, und vielleicht kann dieser Punkt an sich bereits für die Weiterarbeit interessant sein. Der darauf zutreffende Begriff wird im Tibetischen als *tendrel (brten 'brel)* bezeichnet. *Tendrel* bedeutet „Zufall". Dies liegt sehr stark der Funktionsweise der psychologischen Bewegungen zugrunde, wie sie im Abhidharma beschrieben werden. *Tendrel* ist auch die tibetische Übersetzung des Sanskritwortes *Nidana.* Die zwölf Nidanas sind die zwölf Bedingungen innerhalb des Kettenreaktionsprozesses von Ursache und Wirkung. Ebenso wie die Skandhas beginnen die Nidanas aus der Unwissenheit heraus und schließen Gefühl, Wahrnehmung, Samskara und Bewusstsein ein. Die zwölf Nidanas sind: Unwissenheit, Samskara, Bewusstsein, Name und Form, Sinneswahrnehmung, Berührung oder Kontakt, Gefühl, Verlangen, Ergreifen, sexueller Verkehr, Geburt, Alter und Tod.

Der Vorgang der Koinzidenz, das Zusammentreffen von Situationen, das sich aufgrund der Nidanas ereignet, kann als „glückverheißend" bezeichnet werden. Der Gedanke einer „glückverheißenden Gelegenheit" ist uns vertraut. Die und die Sache hat sich zugetragen, diese und jene Menschen sind einander begegnet, und alles dies hat sich miteinander verbunden, so dass dieses und jenes günstige Ereignis stattgefunden hat. Dieser Gedanke einer glücklichen Vorbedeutung wird in der Regel entweder nur als Gerede angesehen oder mit Aberglauben in Verbindung gebracht. Er schließt ein Gefühl von Macht in sich ein. Das Wort für „glückverheißend", das in einem Zusammenhang mit diesem Begriff eines „auffälligen Zusammentreffens" oder *tendrel* steht, lautet im Tibetischen *tashi (bkra. shis),* in Sanskrit *Mangalam.* Die glückliche Vorbedeutung ist ein Aspekt der Koinzidenz, dieses Zusammentreffens von Voraussetzungen. Die Bewegung von Unwissenheit, von Gefühlen und Wahrnehmungen usw. ist glückverheißend und gewissermaßen angemessen, weil sämtliche zwölf ursächlichen Verbindungsglieder unaufhörlich und verlässlich in Verbindung zueinander stehen. Mit anderen Worten, es kann nichts Verkehrtes an diesem Geschehen geben. Alles ist für ebendiesen Augenblick richtig und angemessen. Genau dies meint *Mangalam* oder *tashi* – eine Segnung. Das tibetische Wort *tashi* setzt sich zusammen aus *ta,* was „klar" bedeutet, und *shi,* was „passend" oder „gut, angemessen" heißt. Seine Bedeutung ist also: „genau in die Situation hineinpassend".

Ein Beispiel dafür ist unser Zusammensein hier. Wir alle haben die Gelegenheit ergriffen, hierherzukommen. Niemand hat gewusst, als was sich dieses spezielle Seminar entpuppen würde, doch jeder hat diese Gelegenheit ergriffen, ist diese Verpflichtung eingegangen, und hier sind wir nun. Alle notwendigen Voraussetzungen sind zusammengekommen.

Unter diesem Gesichtspunkt ist Verwirrung, das Umherwandern im samsarischen Bereich von Schmerz und Elend, keine Bestrafung, kein Irrtum, sondern passend und angemessen. Es handelt sich um eine vollkommen ideale Situation. Natürlich könnten wir zu dieser Schlussfolgerung durch eine Art von indirekter verstandesmäßiger Beweisführung gelangen, die auf einer langfristigen Sichtweise beruht und aussagt, dass wir aufgrund der samsarischen Situation eine Gelegenheit dazu haben, uns mit dem Nirvana und der Befreiung näher zu beschäftigen: Ohne Samsara gäbe es kein Nirvana, und deshalb ist Samsara ein idealer Zustand. Unser Denken braucht diesen langen Umweg jedoch nicht einzuschlagen. Wenn wir wirklich direkt und bis auf den Grund schauen, können wir sagen, dass wir weder Samsara noch Nirvana brauchen. Das ist die reine Wahrheit. Wir brauchen keines von beiden. Die ganze Situation braucht überhaupt nicht zu existieren. Da sie es zufällig aber doch tut, ist sie deshalb auch passend.

Das ist keine besonders optimistische Einstellung. Es ist gleichzeitig eine pessimistische und optimistische Haltung: Die Situation ist zur gleichen Zeit dadurch passend, dass sie richtig ist, und sie ist auch dadurch passend, dass sie falsch ist. Diese beiden Gegensatzpole sind ständig vorhanden. „Das Richtige" ist auf seine eigene Weise eine gesunde Situation, weil es zufällig da ist; und auch „das Falsche" ist auf seine eigene Weise eine gesunde Situation, weil es ebenfalls zufällig da ist. Das Wesen von *tendrel* und *tashi,* von zufälligem Zusammentreffen und glücklicher Vorbedeutung, ist daher von dem karmischen Strukturmuster nicht zu trennen; es ist der Impuls, welcher sich durch die fünf Skandhas und die zwölf Nidanas hindurch entwickelt und mit dieser gesamten Maschinerie untrennbar verbunden ist, die uns in eine Situation hineinbringt.

Womit wir uns also tatsächlich beschäftigen, ist der Gesamtprozess der karmischen Entwicklung, wobei wir keine besondere Vorliebe dafür haben, welche Entwicklungsformen gut und welche schlecht sind. Wir untersuchen lediglich die karmische Situation, so wie sie ist. Sie ist passend: Sämtliche Aspekte dieses Vorgangs stimmen in ihrer besonderen und einmaligen Art und Weise mit jeder einzelnen Situation überein.

Das bedeutet nicht, dass alles von vornherein festgelegt ist und dass wir überhaupt keine Wahl haben – weil sich nämlich alles im gegenwärtigen Augenblick ereignet. Die buddhistische Philosophie erklärt, dass die Zukunft eher frei verfügbar als vorher festgelegt sei. Wir können keine vorherbestimmte Zukunft haben; „Zukunft" heißt, dass noch nichts geschehen ist. Alles, sofern es überhaupt existiert, ist in der gegenwärtigen Situation inbegriffen. Das Potential der Zukunft liegt im gegenwärtigen Augenblick. Daher kann nichts von vornherein festgelegt oder vorherbestimmt sein. Andererseits ist die ganze Sache bis zu einem gewissen Grade vorherbestimmt, weil die Vergangenheit uns die gegenwärtige Situation auftischt. Die Vorherbestimmung reicht bis zum gegenwärtigen Augenblick und geht nicht darüber hinaus. Deshalb gibt es Raum für das Bemühen, sich mit der Meditationspraxis und der Hingabe an Spiritualität zu beschäftigen. Das ist sehr wichtig. Dieses Bemühen ist hilfreich, weil es eine Methode darstellt, etwas über die gegenwärtige Situation zu lernen und eine Verbindung zu ihr herzustellen. Wenn jemand dazu fähig ist, der gegenwärtigen Situation, *tendrel,* dem augenblicklichen Zusammentreffen so zu begegnen, wie es ist, dann kann er außerordentliches Vertrauen entwickeln. Er erkennt allmählich, dass niemand die Situation für ihn handhabt, sondern dass er für sich selbst handeln kann. Er entwickelt ein sehr starkes Gefühl von umfassender Weite, weil die Zukunft völlig offen ist.

Dieses Gewahrsein von der glücklichen Vorbedeutung der karmischen Situation des gegenwärtigen Augenblicks ist bis zu einem gewissen Grade auch eine Wahrnehmung der Zukunft. Wir können sogar bestimmte Verbindungslinien wahrnehmen. Jeder Fall ist jedoch ein Einzelfall. Wir können darüber sprechen, dass wir eine karmische Verbindung zu jemandem haben, aber diese Verbindung könnte nicht existieren, wenn die beiden daran beteiligten Menschen nicht auch unabhängig voneinander wären. Sonst könnten wir nicht von einer „Verbindung“ sprechen; es wäre nur eine einzige Sache. Selbst wenn es ein Bindeglied gibt, so heißt das, dass zwei selbstständige Wesen in einer bestimmten Verbindung zueinander stehen. Daher ist selbst in diesem Falle der gesamte Prozess der Einbeziehung in die gegenwärtige Situation eine einsame Reise. Niemand kann uns retten, niemand eine Hilfe sein. Wir selbst müssen eine Einschätzung und ein Verständnis des Kettenreaktionsprozesses entwickeln, der abläuft. Die Betrachtungsweise in Form der zwölf Nidanas ist eine Möglichkeit, das zu sehen.

Es gibt die Geschichte von einem Arhat, der in die besonderen karmischen Umstände eines Landes hineingeboren wird, das weder einen Lehrer noch Lehren hat. Als er heranwächst, stellt er sich Fragen über das Leben. Er unternimmt lange Spaziergänge und kommt an einen Begräbnisplatz, wo er ein Stück von einem alten menschlichen Knochen findet. Als er ihn aufhebt und untersucht, fragt er sich, woher dieser Knochen wohl kommt. Offensichtlich kommt der Knochen vom Tod. Woher kommt der Tod? Der Tod kommt von Krankheit und Alter. Er geht in seiner logischen Schlussfolgerung immer weiter zurück – das Alter kommt durch die Geburt, Geburt kommt durch sexuellen Verkehr und sexueller Verkehr durch Gefühl, Berührung, Ergreifen usw. Er geht immer weiter und weiter zurück. Schließlich findet er heraus, dass die ganze Quelle und Grundwurzel die Unwissenheit ist. Er gelangt zu dieser Schlussfolgerung einfach dadurch, dass er den Knochen betrachtet und von da aus rückwärts folgert. Das ist eine Art von glückverheißendem Zusammentreffen, eine karmisch glückverheißende Kettenreaktion: Man findet irgendeinen Knochen und setzt sich zufällig damit hin, man betrachtet ihn und denkt darüber nach. Das könnte man als intellektuelle Betrachtungsweise bezeichnen, die gleichzeitig auch intuitiv vorgeht. Es ist nichts besonders Außergewöhnliches. Jedermann könnte das tun. Jedermann könnte Schritt für Schritt zurückgehen und irgendeinen Ursprung für die vorhergehende Schlussfolgerung, irgendeine offensichtliche Antwort finden.

Viele von uns befinden sich in einer ähnlichen Situation wie dieser Arhat: Unsere gegenwärtige Situation ist die, dass wir eine gewisse Unzufriedenheit haben und mehr darüber herausfinden möchten. Eine gewisse Neugier und Unzufriedenheit, Neugier, Schmerz und Freude und das Wissen, dem wir in unserem Leben schon begegnet sind, haben uns hier zusammengebracht. Nachdem Sie an dem Punkt angelangt sind, dass Sie hier sind, stellen Sie Ihr Ergebnis in Frage. Sie schauen nicht nur auf dem Wege über einen intellektuellen Untersuchungsprozess zurück, Sie praktizieren und erfahren auch dasjenige, worüber Sie nachdenken. Nachdem Sie das erlebt haben, worüber Sie nachdenken, werden alle Lebenssituationen viel klarer, deutlicher und offensichtlicher; sie gehören viel mehr zum gegenwärtigen Augenblick und sind genau hier.

Diese Vorstellung des glückverheißenden Zusammentreffens, *tendrel,* ist daher äußerst interessant und wesentlich. Wenn jemand erkennt, dass ihn eine ganze Kettenreaktion von Ereignissen in die gegenwärtige Situation hineingebracht hat, so löst das eine Menge von Problemen. Es bedeutet, dass man gegenüber dem, was man tut, bereits eine innere Verpflichtung eingegangen ist und dass die einzig mögliche Verhaltensweise darin besteht, die Sache durchzuziehen und nicht ständig zu zögern, ob man eine neue Wahl treffen soll. So ist es, wenn Sie wissen, dass ein bestimmtes Restaurant ein besonderes Gericht serviert, das Sie gerne essen möchten; anstatt nun eine Menge Zeit damit zu vertun, die Speisekarte zu studieren, nachdem Sie sich in dem Restaurant hingesetzt haben, ziehen Sie die Sache durch, bestellen dieses Gericht und essen es. Es ist gewissermaßen eine zeitsparende Maßnahme, wenn man weiß, dass diese Vorfälle, die sich im Leben immer wiederholen, ständig eine besondere, einzigartige Situation hervorrufen. Diese sehr wirkungsvolle Einsicht vermittelt uns ein Gefühl von Freiheit. Sie bedeutet das Wissen, dass wir zu ein und derselben Zeit der augenblicklichen Situation nicht verpflichtet sind und ihr doch verpflichtet sind. Dasjenige, was wir jedoch mit der gegenwärtigen Situation in Bezug auf die Zukunft anfangen, liegt völlig in unserer Hand. Es ist eine offene Situation.

Dieser Gedanke des Zufalls oder des auffälligen Zusammentreffens ist grundlegend für den Abhidharma. Dasjenige, was dort beschrieben wird, trägt das Wesensmerkmal, dass es durch Koinzidenz, scheinbar durch Zufall stattfindet. Dieser Aspekt ist sehr wesentlich dabei. Es hat den Anschein, dass wir heute durch Zufall unser Gesprächsthema gefunden haben. Vielleicht können wir jetzt durch Zufall eine Diskussion anschließen.

FRAGE: *Was diese offene Zukunft betrifft, wovon Sie gesprochen haben, stelle ich fest, dass bestimmte Gedanken in einzelnen Individuen ständig wiederkehren. Jeder hat seinen eigenen*

Stil, seine eigenen Gedanken, aber es verhält sich so, als sei für sein ganzes Leben ein Drehbuch verfasst worden. Wenn die Betreffenden versuchen, ein vollkommen unbeschriebenes Blatt zu sein, ohne noch irgendwelche Konzepte zu entwickeln, so tauchen bestimmte Gedanken in ihrer eigenen Art ständig weiterhin in ihrem Denken auf. Ist dieses unter der Oberfläche liegende Geschwätz der fünfte Skandha? Ist die Kontinuität dieses kleinen Schwätzers, welche fortwährend andauert, diejenige Person, die so etwas wie das Drehbuch für unser Leben schreibt? Was auch immer der Fall sein mag – dieses allgegenwärtige Drehbuch scheint die Zukunft eher begrenzt zu halten und gesteht ihr nicht zu, dass sie offen ist.

ANTWORT: Merkwürdigerweise schreibt in Wirklichkeit überhaupt niemand das Drehbuch, es geschieht einfach auf rätselhafte Weise. Diese Antwort kommt eher aus dem Zen, als dass sie im Stile der methodischen indischen Philosophie wäre. Der Abhidharma würde es anders ausdrücken. Ich glaube jedoch, dass es eine viel klarere Art der Betrachtungsweise dieser speziellen Situation ist, wenn man sagt, dass niemand das Drehbuch schreibt – es geschieht einfach. Weil es niemanden gibt, der das Drehbuch schreibt, kann eine derartige Vielfalt von Dingen weiterhin unvermittelt auftauchen. Die Gedanken laufen insbesondere nicht in Entsprechung zu einem bestimmten logischen Muster ab. Von Logik dürften sie ziemlich losgelöst sein. Die Dinge schießen jedoch einfach aus dem Boden, sie geschehen aus dem Nichts heraus.

Ist der fünfte Skandha diejenige Person, welche glaubt, dass sie das Drehbuch schreibt? Dass sie die Auswahl trifft, dass sie unserem Leben einen Zusammenhang verleiht?

Sobald einmal ein Gedanke auftaucht, muss sie sich dazu bekennen. In Wirklichkeit wagt sie es jedoch nicht und hat auch kein wirkliches Interesse daran, bis zum Ursprung des Gedankens zurückzugehen. Wenn sie bis zum Ursprung zurückgeht, wird sie keinen finden. Sie wird überhaupt nichts finden.

Ich verstehe noch nicht, warum bestimmte Gedankenformen sich bei bestimmten Menschen immer wiederholen, was sie auch zu tun versuchen. Selbst wenn sie etwas zu verändern suchen, schauen sie zurück – und noch immer ist ihr Strukturmuster da. Woher nimmt jeder seine eigene Form von Gedankenmuster?

Jeder Mensch hat entsprechend seinem Typ seine eigene Form des Stils. Es gibt verschiedene Geistesausrichtungen: die Mentalität der Aggression, die Mentalität der Leidenschaft und alle möglichen anderen. Verschiedene Formen der Individualität entstehen aus verschiedenen Formen der grundlegenden Energie. Diese Grundenergien haben sich, gleich am Anfang, selbst falsch verstanden und sich von dem Untergrund unterschieden. Dieser Untergrund ist offen und leer; die Energien, welche er enthält, sind jedoch farbig. Es gibt ein Rot mit einer Gelbfärbung, ein Gelb mit einer Grünfärbung, ein Weiß mit einer Rosafärbung. Das sind gewisse Grundenergien, welche auch die Betonung auf einem bestimmten Stil in sich tragen. Es kann beispielsweise Hass geben, der seine Betonung durch die Leidenschaft erfährt; die grundlegende Eigenschaft ist Hass, der sich jedoch in Form von Leidenschaft zeigt. Es kann auch noch andere Kombinationen geben, wie beispielsweise eine Grundeigenschaft des Stolzes mit der Hervorhebung durch Unwissenheit. Es entstehen alle möglichen Kombinationen aus Lichtfunken. Sie werden dann zu Individuen, die – wie Satelliten – von dem primären Untergrund losgelöst sind. Auf diese Art und Weise entwickeln wir alle unsere besondere Spielart der Unwissenheit sozusagen aufgrund dieser besonderen Farben, welche wir von Anfang an hatten. Unser ureigener, individueller Stil mit seinen besonderen Energieformen zieht sich durch sämtliche psychologische Entwicklungsprozesse: die fünf Skandhas, die zwölf Nidanas usw. Das bedeutet jedoch überhaupt kein Hemmnis – es ist unser Reichtum. Jeder von uns ist ein besonderer Menschentyp mit einer besonderen Form des Wahns, und das ist gut so.

Könnten Sie etwas mehr über die innere Verpflichtung gegenüber der augenblicklichen Situation sagen, wovon Sie gespro-

chen haben, und besonders darüber, wie sie zu unterscheiden ist von der Verpflichtung des Ego, sich selbst auszudehnen?

Auf irgendeine Weise hat die Verpflichtung des Ego zu seiner eigenen Ausdehnung keinen Richtungssinn. Die Bewegung des Ego ist nicht fließend. Es versucht einfach nur, sein eigenes Haus aufrechtzuerhalten. Weil die Verpflichtung des Ego ausschließlich eine Art von Mentalität einschließt, die etwas beibehalten will, ist das Gefühl von einer Reise wirklich überhaupt nicht darin enthalten. Im Falle der inneren Verpflichtung gegenüber der augenblicklichen Situation gibt es eine Bewegung oder Reise. Das Gefühl von einer Reise beruht auf der Tatsache, dass – vom Gesichtspunkt dieser Verpflichtung aus betrachtet – jede Situation aus einem einmaligen Schauspiel besteht.

Wollen Sie damit sagen, dass man alles nicht mehr wohlvertraut findet?

Situationen brauchen nicht wohlvertraut zu sein. Die Verpflichtung des Ego hat die Neigung, sich auf ein Gefühl von Vertrautheit oder die Empfindung zu verlassen, dass nichts passiert. Jemand könnte sich zur Meditation hinsetzen und spüren, dass nichts passiert, obwohl er selbst äußerst aufgewühlt ist. Er hat Schmerzen im Rücken, Schmerzen im Nacken, und um ihn herum schwirren die Fliegen. Er ist in äußerst heftiger Bewegung und hat dennoch das Gefühl, dass sich nichts ereignet. Es ist jedoch möglich, jeden Augenblick so zu erleben, als habe er seine ganz persönliche Eigenart. Sind Sie einmal in eine Situation hineingeraten, dann bewegen Sie sich im Einklang mit ihren einmaligen Strukturmustern, mit ihrer besonderen Beschaffenheit usw. Das unterscheidet sich ziemlich von der Verpflichtung des Ego, sich selbst als ein festes Gebilde aufrechtzuerhalten. Das Ego würde es als außerordentlich bedrohlich empfinden, wenn es die einzigartige individuelle Natur einer jeden Situation eingestehen müsste. Wenn wir jedoch auf diese Art und Weise eine Verbindung herstellen zu jeder Situation, so wie sie ist, liegt darin ein Weg. Es gibt eine Menge an Bewegung darin. Wir sind ständig mit irgendeiner Art von Schauspiel konfrontiert.

Dann gibt es aber keine andere Richtung als diejenige der jeweiligen Situation?

Diese Art von Richtungsbestimmung ist weitaus klarer festgelegt, als wenn wir einer Landkarte oder einem festen Plan folgen. Es handelt sich um eine wirkliche Richtung. Der Schmerz wird wirklicher Schmerz, die Freude wirkliche Freude sein. Verwirrung wird wirkliche Verwirrung sein. Jede Situation wird echt und eindeutig sein – und darin liegt die Führung, dies ist das Muster, dem wir folgen. Wenn wir zurückschauen, dann stellen wir fest, dass alle Situationen, in denen wir das Gefühl hatten, auf der Reise zu sein, Situationen gewesen sind, wo wir ständig im gegenwärtigen Augenblick gelebt haben. Es war überhaupt kein Gefühl von einer Vorherbestimmung darin enthalten. Die augenblickliche Situation ist ebenso die Bestimmung, das Ziel, wie der Pfad.

Viele Menschen möchten ihr Ziel, ihre zukünftige Bestimmung jetzt absichern. Die Zukunft ist jetzt aber noch nicht da, darum ist sie ja die Zukunft. Es ist erstaunlich, in welchem Ausmaß wir uns selbst täuschen, wie wir uns in alle möglichen Hoheitsgebiete und Situationen hinein ausstrecken, die nur in der Einbildung existieren. Es ist so, als sei die ganze Zukunft eingeplant und eine nach Plan ablaufende Zeit habe sich vom gegenwärtigen Augenblick den ganzen Weg zurück erstreckt und reiche vom gegenwärtigen Augenblick auch den ganzen Weg nach vorwärts in die Zukunft. Damit wird alles vollgestopft. Wenn wir die Dinge auf diese Weise betrachten, schaffen wir es, uns in einen Zustand von ziemlicher Paranoia und Panik zu versetzen. Wenn wir jedoch die augenblickliche Situation so erkennen, wie sie ist, dann ist sie immer recht einfach.

Können Sie etwas darüber sagen, wenn man in Meditation sitzt und körperliches Unbehagen aufsteigt und man von dem Gefühl des Unbehagens und der Langeweile ganz in Anspruch genommen wird? Dann aber pendelt man von dort aus weiter zu dem Kommentar, das Unbehagen und so weiter sei nur etwas, woran man sich zur Unterhaltung festhalte. Dann aber hängt man sich an diesem Kommentar auf. Aus irgendeinem Grunde gibt es in keinem dieser Entwicklungsmomente etwas, das frei ist. Es gibt nur das Hin- und Herpendeln zwischen diesen verschiedenartigen Formen der Anhaftung.

Die Vorstellung von einem Kommentar und der Versuch, etwas daraus machen zu wollen, scheinen sich selbstzerstörerisch oder verwirrend auszuwirken. In den Schriften wird eine Analogie benutzt, wonach das diskursive Denken wie eine Seidenraupe ist. Eine Seidenraupe ist von einem Netz aus ihrer eigenen Substanz umgeben. Sie überlebt dann, wenn sie weitere Seide spinnt. Die Situation ist eigentlich sehr einfach. Wenn körperlicher Schmerz oder Wohlbehagen auftauchen, so ist das sehr einfach. Sie nehmen es lediglich wahr und lassen es auf sich beruhen. Sie müssen es nicht durch einen irgendwie gearteten Prozess hindurchschleusen. Jede Situation ist einmalig. Deshalb bewegen Sie sich einfach im Einklang mit ihr weiter und lassen sie entsprechend ihrer Natur geschehen.

Ich glaube, dass ich überhaupt nicht verstehe, was Sie mit „sich im Einklang damit bewegen" meinen.

Das ist eine Sache des Annehmens. Selbst wenn das Annehmen dessen, was geschieht, verwirrend sein mag, akzeptieren Sie einfach die gegebene Situation und versuchen nicht, etwas anderes daraus zu machen. Versuchen Sie keineswegs, sie zu einem pädagogischen Arbeitsprozess zu machen. Sie erkennen sie einfach, nehmen sie wahr und lassen sie dann los. Wenn Sie etwas erfahren und sich diese Erfahrung dann nicht aneignen, schaffen Sie damit einen offenen Raum zwischen diesem Wissen und sich selbst, wodurch ihm ganz einfach sein eigener Verlauf zugestanden wird. Der Vorgang, sich etwas nicht anzueignen, ist mit der Hefe beim Gärungsprozess vergleichbar; es braut sich dadurch ein Geisteszustand zusammen, in dem man beginnt, in angemessener Form zu lernen und zu fühlen.

Spielt es eine Rolle, ob dieser Vorgang, sich etwas nicht anzueignen, am Anfang nur eine weitere Form der Kommentierung ist? Oder ist das unvermeidlich?

Sie können nicht von der unbedingt reinen Vollkommenheit aus beginnen. Es geht nicht darum, vollkommen zu sein. Nehmen Sie einfach wahr, machen Sie die Erfahrung und betrachten Sie diese nicht als Ihr Eigentum. Das Wie und das Was spielt keine Rolle dabei. Das Problem besteht darin, dass wir immer etwas beginnen und uns gleichzeitig versichern möchten, dass dasjenige, was wir tun, auch richtig ist. Irgendwie können wir diese Art von Garantie jedoch nicht erhalten. Man muss wirklich das Risiko eingehen und die rohe und ungeschliffene Qualität der Situation akzeptieren. Man könnte es mit einer Situation vom kommentierenden Typus zu tun haben, was ein ständiges Analysieren mit sich bringt. Diese Zergliederung ist aber nur ein Teil des Vorgangs. Belassen Sie es dabei – sie braucht nicht endgültig zu werden. Ihr erklärender Kommentar ist nicht von Bedeutung, solange Sie nicht versuchen, ihn für eine endgültige Schlussfolgerung zu halten. Sie sollten nicht den Versuch unternehmen, ihn zu einer abschließend registrierten Mitteilung zu machen und dabei den Gedanken zu haben, diese wieder abzuspielen, wenn sie gebraucht wird. Denn wenn man sie wieder abspielt, wird man sich in einer veränderten Situation befinden, so dass die Nachricht automatisch überholt sein wird.

In dem Augenblick, wenn dieser erklärende Kommentar da ist, existiert ein so starkes Anhaften an dieser Kommentierung.

Wenn dem Kommentar kein besonderer Wert beigemessen wird, so ist das in Ordnung. Er ist nichts weiter als Geschwätz. Belassen Sie es dabei. Sie sollten auf diese vorbeiziehende Energie nicht störend einwirken.

Wenn ein Konflikt auftaucht, habe ich gewöhnlich das Gefühl, dass ich die Situation unter Kontrolle habe. Ich spüre, dass ich meine Wahl treffen kann. Nun aber frage ich mich, ob ich tatsächlich eine Wahl treffe oder nicht.

Der Gedanke einer Wahl ist nicht von Bedeutung. Bei der Auseinandersetzung mit einer Situation ist die Wahl bereits da. Die Wahl setzt sich aus zwei Aspekten der Situation zusammen, die sich gleichzeitig abspielen; diese beiden Seiten geben eine Grundlage dafür ab, dass Sie eine Verbindung zu einer der beiden Alternativen herstellen können. Die Art und Weise, wie Sie damit umgehen, wenn Sie diese Wahl treffen, ist die, dass Sie nicht nach Ihrem Gefühl für Bequemlichkeit, sondern geradlinig vorgehen. Wenn es zwei Möglichkeiten der Wahl gibt, dann ist die eine genau vor Ihnen und die andere ein wenig zur Seite verrutscht. Es mag zehn oder zwölfhundert Möglichkeiten der Wahl geben, aber eine erwartet Sie mitten auf dem Weg. Die übrigen warten, als Seitenpfade, am Wegesrand. Die Reise, welche immer geradeaus führt, scheint schrecklicher und furchterregender zu sein. Deshalb sind die anderen Wahlmöglichkeiten attraktiver, die an der Seite warten, so wie die Restaurants und Autokinos am Straßenrand. Die Wahl muss geradlinig und ehrlich sein und sich auf gesundem Menschenverstand, auf grundlegender geistiger Gesundheit gründen. Tatsächlich handelt es sich dabei um transzendenten gesunden Menschenverstand.

Das, was ich gerade gesagt habe, könnte missverstanden werden. Wenn ich sage, dass die Zukunft ziemlich klar wird, wenn Sie sich im Einklang mit der augenblicklichen Situation bewegen, so könnte das in dem Sinne missverstanden werden, dass alles für Sie vorgeplant ist. Es könnte in dem Sinne missverstanden werden, dass es eine göttliche Führung gibt. Sie könnten annehmen, dass alles für Sie vorbereitet worden ist, so dass Sie unverzüglich Ihren Ort finden können, wie es in dem Ausspruch „Der Schwan ist im See und der Geier auf dem Begräbnisplatz" heißt. Das ist jedoch nicht der Fall. ln vielen Fällen ist es ziemlich schwierig und schmerzhaft, eine Verbindung zum gegenwärtigen Augenblick herzustellen. Auch wenn die Straße geradeaus und direkt verläuft, ist sie doch ausgesprochen mühsam. Sie ist der Bardo-Erfahrung vergleichbar, die im *Tibetischen Totenbuch* erwähnt wird. Es kommt ein strahlendes Licht mit dem geistigen Bild eines bestimmten Tathagata auf uns zu, der uns daraus anschaut. Auf der Seite gibt es ein weniger strahlendes, weniger verwirrendes Licht. Das Licht von der Seite ist weitaus schöner, weil es weniger blendet und nur eine Widerspiegelung des Tathagata ist. Es gibt also zwei Möglichkeiten der Wahl. Sollen wir in dasjenige hineingehen, welches uns irritiert, oder sollen wir einfach auf einen der Seitenwege abschwenken?

Diese Symbolik aus dem *Tibetischen Totenbuch* hat eine tiefe Bedeutung für unsere tatsächliche Alltagssituation. Sie braucht sich nicht unbedingt nur auf die Erfahrung nach dem Tode zu beziehen. Vielleicht steht die Erfahrung nach dem Tode nur sinnbildlich für die Art von Situation, in der die Möglichkeiten der Wahl äußerst einleuchtend oder anregend und höchst unmittelbar sind. In unserer gewohnten Lebenssituation müssen wir uns öffnen, wir müssen sie untersuchen und erkennen und dann eine innere Verpflichtung eingehen. Ohne Wahl würde es keinerlei Sprung und überhaupt keinen Augenblick des Loslassens geben. Aufgrund der Wahl gibt es deshalb einen Augenblick des Springens, und das Loslassen kann geschehen. Es scheint daher nicht sonderlich bequem, freudvoll und leicht zu sein. Andererseits könnte es inspirierend sein. So viel kann zumindest gesagt werden.

Sie scheinen über die Entdeckung von Weisheit zu sprechen. Könnten Sie mehr darüber sagen?

Die Entdeckung von Weisheit hat nichts mit dem zentrierten Wesen des Ego zu tun. Es ist eigentlich überhaupt keine Entdeckung, weil *Sie* nicht wahrnehmen können, dass Sie etwas entdecken. Sie werden ein Teil der Weisheit. Sie gehen über das transzendente Wissen von *Prajna* hinaus und erreichen die Stufe von *Jnana,* wirklicher Weisheit. Das ist in der Tat sehr enttäuschend, weil wir uns selbst gern bei unserer eigenen Erleuchtung zuschauen möchten. Das aber ist unmöglich. Diese lohnende Erfahrung von Selbstbestätigung, dass wir es doch noch gepackt haben und angekommen sind, ist unmöglich. Das würde niemals geschehen.

Wenn wir eine Wahl treffen, müssen wir scheinbar nicht darüber nachdenken, sondern etwas schießt spontan in die Höhe und trifft die Wahl, ehe wir darüber nachdenken. Bevor wir etwas wählen können, trifft etwas anderes die Wahl für uns.

Das alles hängt davon ab, was für eine große Sache Sie aus der Wahl an sich machen. Wenn Sie nicht viel Aufhebens davon machen, können Sie von nichts getäuscht oder auf einen Seitenweg gelockt werden. Zu dem Zeitpunkt, wenn derartige Verführungen auftauchen, gehen Sie ohnehin weiter. Sie laufen geradeaus und nehmen den direkten Weg.

Ist diese geradeaus gerichtete Wahl dasselbe wie Intuition?

Sie entspricht einer umfassend geöffneten Intuition, einer Intuition, die sich nicht auf der tierhaften Instinktstufe gründet. Es handelt sich um die Form von echter Intuition, die nicht mit dem Überleben des Ego verbunden ist.

Wo spielt in diesem Zusammenhang die „verrückte Weisheit" mit hinein, wenn man eine Wahl trifft?

Verrückte Weisheit ist eine Art von Grundimpuls hinter dem gesamten Vorgang, mit der Situation umzugehen. Damit man eine Entscheidung treffen kann, die aufrichtig, aber nicht sonderlich angenehm ist, muss man eine gewisse Kraft hinter sich haben. Das ist das Element der verrückten Weisheit, die grundlegende Kraft hinter der Situation. Das heißt aber nicht, dass Sie einfach die schmerzhafteste Möglichkeit finden und dementsprechend Ihre Entscheidungen treffen sollten. Die Tendenz muss hierbei nicht selbstmörderisch oder masochistisch sein. Das würde Ihnen auch gar nicht gelingen.

Auch wieder bezogen auf eine Wahl habe ich an die Formen der Zukunftsschau gedacht, welche Sie in Ich komme aus Tibet *erwähnen. Wird eine Methode des Wahrsagens in einer Situation angewendet, in der Unklarheit über das geradlinige Vorwärtsgehen herrscht?*

Die Zukunftsvoraussage wird gewöhnlich angewendet, wenn man einer Situation irgendwie in die Falle gegangen ist. Man hat wirklich keine Alternative, sondern ist zu feige, um sich der tatsächlichen Intuition von aufrichtiger Direktheit anzuvertrauen.

Daher wendet man sich dem Vorwand der Zukunftsvoraussage zu. Selbst wenn man bei seiner Betrachtungsweise der Situation sehr voreingenommen sein mag, gibt man bei der Zukunftsschau vor, es nicht zu sein. Man tritt ganz und gar aus der Situation heraus, hält seinen Geist offen und gesteht es sich zu, in Entsprechung mit der Wahrsagepraxis eine Entscheidung zu treffen. Oder deutlicher ausgedrückt: Wenn Sie sich einmal dort im Niemandsland befinden, ist die Antwort bereits da. Dann kehren Sie in Ihr eigenes Hoheitsgebiet zurück und treffen eine Entscheidung.

Es ist also nicht so, dass die Zukunftsvoraussage die Antwort bereithält, sondern sie ist eher ein Medium, mit dessen Hilfe man einen Schritt heraustreten kann.

Ja, die Zukunftsvoraussage ist wie ein Schwert. Sie tun den Schritt und wenden es an. Sie durchschneiden den Zweifel.

Ich entdecke eine gewisse Verführung und Faszination darin, tiefer in die Lehre einzudringen und mich ihr ganz hinzugeben. Ich habe das Gefühl von etwas sehr Ungewohntem, Neuartigem und Offenem, und davon wird man nur allzu bereitwillig angezogen. Gleichzeitig bin ich dieser faszinierenden Seite gegenüber aber auch sehr misstrauisch.

Wir müssen uns selbst gewisse Sprungbretter zugestehen. Es ist nicht notwendig, derart unnachsichtig zu sein. Das Bewundernswerte an den Vier Edlen Wahrheiten besteht doch darin, dass sie von *Duhkha,* dem Schmerz, ausgehen. Sie beginnen von unten, wo sich die wichtigsten Dinge befinden, und nicht von oben, wo die feinsten Dinge wie der Rahm sitzen. Es fängt mit den Gewürzen, mit den Mineralien und allem an, was auf den Grund herabgeschwemmt wird. Wir beginnen mit der Dreckarbeit, aber diese wird in sich zu einem Sprungbrett. Allmählich entdecken wir dann, mehr und mehr, die oberste Schicht. Weil wir sie allmählich entdecken, erscheint sie nicht als Überraschung. Wenn wir dagegen bei den wunderschönen und reichhaltigen Dingen der obersten Schicht beginnen, dann möchten wir nicht mehr herabsteigen, weil die Möglichkeit besteht, dass wir unterhalb davon andere Dinge auffinden. Damit möchten wir keine Verbindung eingehen. Wir entdecken allmählich, dass daran etwas faul ist. Wir möchten nicht bis auf den Grund hinunter, weil wir uns davor fürchten, dass wir dort etwas Unangenehmes entdecken werden. Daher fangen wir besser von unten mit dem allergröbsten Teil an. Das ist unser Sprungbrett. Wir brauchen nicht von etwas Vollkommenem oder Schönem auszugehen. Wenn wir vom Untergrund aus anfangen, ist der gesamte Aufbau grundsätzlich intakt. Wenn wir uns bereits mit dem Schlimmsten auseinandergesetzt haben, was könnte dann noch Schlimmeres passieren?

Wir könnten bei unserem Lehrstil auch mit dem Rahm beginnen. Man würde jedoch dann von dem Rahm nicht zufriedengestellt werden, weil man keinerlei Eindruck von seinem Wert vermittelt bekommen hat. Daher müssen wir uns dem gesamten Prozess unterziehen, um diesen Wert bestimmen zu können. Wir müssen vom Grund aus beginnen und dann nach oben kommen. Vom Gesichtspunkt der Erleuchtung selbst aus könnte dies als sinnloses Spiel bezeichnet werden; vom Standpunkt des Häutens aus, des Vorgangs der Demaskierung, ist es jedoch notwendig. Es ist ein Spiel – die Praxis ist ein Spiel –, aber man muss sich hindurchbeißen.

Es gibt eine Geschichte, in der eine Mutter und ihr Kind zusammenleben. Da fragt das Kind die Mutter: „Wo ist denn mein Vater?“, und die Mutter antwortet: „Er ist ein wunderbarer Mensch, aber du kannst ihn nicht finden.“ Das Kind wird sehr neugierig auf seinen Vater, und die Mutter erzählt ihm ständig Geschichten darüber, wie wunderbar sein Vater sei. Die Erwartungen des Kindes werden immer weiter aufgebaut, bis die Situation schließlich einen Punkt erreicht, wo die Mutter das Kind wirklich zu seinem Vater hinbringen muss. So führt die Mutter ihren Sohn also aus der Vordertür des Hauses heraus, und die beiden gehen hinauf in die Berge. Sie erklettern steile Abhänge, überqueren Bäche und kämpfen sich durch alle möglichen Hindernisse hindurch. Schließlich gelangen sie zu einem Berggrat, von wo aus sie herabschauen können. Die Mutter sagt: „In jenem Haus dort lebt dein Vater." Dann klettern sie zu dem Haus hinunter und betreten es durch die rückwärtige Tür. Im Zimmer treffen sie einen Mann an und die Mutter sagt zu ihrem Sohn: „Das ist dein Vater." Nach der ungeheuren Anstrengung des Weges, nach dem langen Klettern und Laufen, ist das Kind außerordentlich aufgeregt und sehr froh darüber, diesen wunderbaren Vater zu finden. Dann entdeckt das Kind eine Tür auf der anderen Seite des Raumes, die in genau das gleiche Haus führt, wo es schon immer mit seiner Mutter gelebt hat. Die Mutter hätte ihren Sohn auch direkt durch die Tür führen können, damit er seinen Vater sehen konnte, aber das Kind hätte ihn nicht so zu schätzen gewusst, wenn sie diese Reise nicht unternommen hätten. Wenn die Mutter das Kind nur von dem einen zum anderen Raum geführt hätte, wäre das Ganze nichts Besonderes gewesen.

PRAXIS UND INTELLEKT

Es sieht so aus, als ob wir uns in diesem Seminar nur mit einer vereinfachten Übersicht des Abhidharma beschäftigen und einen gewissen Eindruck von den grundlegenden Prinzipien verschaffen konnten, welche den Darstellungen des Abhidharma zugrunde liegen. Es würde weitaus mehr Zeit erfordern, den Abhidharma in allen Einzelheiten zu studieren. Trotzdem glaube ich, dass wir eine Vorstellung von den allgemeinen Grundzügen des Abhidharma in Form einer psychologischen Landkarte erhalten haben. Ich denke, dass unser Austausch ziemlich fruchtbar gewesen ist, und ich hoffe, dass dieses Seminar den Samen für die weitere Beschäftigung mit diesem Material aussäen wird.

Wir haben hauptsächlich versucht, die Untersuchung dieses besonderen Themas zu einer praktisch nachvollziehbaren Erfahrung zu machen. Wir haben uns einer Betrachtungsweise anzunähern versucht, die es ermöglichen würde, dass ein Praktizierender zu einem Gelehrten und ein Gelehrter zu einem Praktizierenden wird. Dies kann geschehen, wenn wir eng genug mit unserer grundlegenden Psychologie und mit unserem grundlegenden Prozess des intellektuellen Verstehens arbeiten. Unsere Betrachtungsweise ist von daher ziemlich außergewöhnlich gewesen. Kein reiner Gelehrter würde in dieser Weise Studien betreiben, und kein reiner Praktizierender würde das Thema so betrachten, wie wir es getan haben. Andererseits könnten beide, ein aufgeschlossener Gelehrter ebenso wie ein aufgeschlossener Praktizierender, diese Methode durchaus angemessen finden.

Wenn wir den Abhidharma auf diese Art und Weise betrachten, bleibt nichts übermäßig abstrakt. Viele dieser Vorstellungen könnten abstrakt wirken, wenn es sich um losgelöste Vorstellungen handeln würde; in Wirklichkeit sind sie jedoch nicht abstrakt, weil sie einen tatsächlichen Einfluss auf unsere persönliche Erfahrung nehmen. Die Psychologie unseres eigenen Wesens zeigt die Wirkungsweise der fünf Skandhas und des gesamten Strukturmusters, wovon sie ein Teil sind.

Die meisten Studien über den Abhidharma neigen dazu, die fünf Skandhas als voneinander getrennte Instanzen zu betrachten. Wie wir gesehen haben, ist dies nicht der Fall; sie bilden vielmehr ein umfassendes Strukturmuster für natürliches Wachstum oder Evolution. Diese Tatsache allein kann bereits eine Menge an Einsicht vermitteln. Wenn man nicht erkennt, dass diese fünf Teil eines umfassenden Musters sind, das eindeutig verstanden worden sein muss, so möchte man leicht fragen: „Warum fünf Skandhas? Warum nicht zehn? Warum nicht ein einziger?" Wäre fünf nur eine dem Zufall überlassene Zahl, wäre der grundsätzliche Einstieg willkürlich, dann könnten wir uns endlose Ansammlungen und Unterteilungen ersinnen. Die Betrachtungsweise des Abhidharma, um die wir uns bemüht haben, macht es jedoch möglich zu erkennen, dass die Vorstellung von fünf Stufen nicht einfach zufällig ist. Sie macht es möglich zu erkennen, dass es ein allgemeines Strukturmuster gibt, welches fünf wesentliche Aspekte hat. Es ist natürlich nicht unbedingt notwendig, über diese fünf Aspekte zu sprechen, damit wir dieses Entwicklungsmuster wahrnehmen können. Die Einsicht in dieses Strukturmuster spiegelt sich auch wider in einer Anzahl von anderen systematischen Unterteilungen, zu deren Besprechung sich für uns keine Gelegenheit geboten hat. Der springende Punkt beim Abhidharma besteht darin, die psychologische Gesamtstruktur zu erkennen und nicht unbedingt fünf von dieser Art und zehn von jener Art. Eine derartige grundlegende Einsicht kann erlangt werden, wenn die Herangehensweisen des Gelehrten und des Praktizierenden miteinander verbunden werden.

Es gibt einen unglaublichen Reichtum an Lehren, die wir hoffentlich in Zukunft auf diese Weise studieren können. Es ist nicht notwendig, den thematischen Stoff nur in einer einfältigen, gefühlsmäßigen Form zu betrachten, noch dies in einer kalten und analysierenden Weise zu tun. Gelehrsamkeit und direkte Einsicht können zusammenwirken. So wird die Lehre gewissermaßen mehr zu einer Sache, um das Interesse anzuregen, als ausschließlich Informationen zu vermitteln. Aus diesem Grunde spielt es bei ihrer Anwendbarkeit für Schüler auch keine Rolle, welchen Grad an geistiger Differenziertheit sie erlangt haben. Darum heißt es auch: „Der Dharma ist gut am Anfang, der Dharma ist gut in der Mitte, und der Dharma ist gut am Ende." Jede Darstellung des Dharma hat ihre eigenen unverwechselbaren Qualitäten, für fortgeschrittene Schüler genauso wie für Anfänger. Es setzt sich etwas durch alle Stufen hindurch fort, das als „die geheime Lehre" bezeichnet wird. Die geheime Belehrung geht durch alle Teile hindurch. Mit unserer Besprechung des Abhidharma haben wir irgendwie mehr als nur den Abhidharma behandelt. Wir haben eine ganze Menge von einigen der tantrischen Möglichkeiten gestreift, die an einer weiteren Odyssee in die Lehre beteiligt sind. Dies alles wird als „Selbst-Geheimnis" bezeichnet. Es gibt kein Copyright, und nichts wird versteckt. Alles wird dargestellt, so viel wie möglicherweise verstanden werden kann. Vom Standpunkt des Zuhörers aus könnte jedoch eine ganze Menge als geheim erscheinen. Wenn man nicht dazu bereit ist, die fortgeschrittenen Aspekte des Themas zu hören, dann hört man allein vom Standpunkt des Anfängers aus. Wenn man dagegen dazu bereit ist, in einer halb-erwachsenen Form zuzuhören, dann hört man auf diese Weise.

Die Verantwortung dafür, dass ein Seminar auf Verständnis stößt, beruht nicht allein auf dem Vortragenden und auch nicht ausschließlich auf dem Publikum. Wir bringen es gemeinsam zustande. Es ist unser Kind, das wir dabei erzeugen; es ist unser Tanz. Wenn der Tanz stattfindet, dann spielt die Musik von selbst. Wenn Dinge sich in dieser Weise ereignen, haben sie eine lebendige Qualität. Das ist kein reines Experiment. Es ist lebendig und gleichzeitig ist etwas bereits Bekanntes und Vertrautes daran. Auch wenn sich der Austausch spontan ereignet, so sind doch die Themen, welche in unseren Vorträgen und Diskussionen aufgetaucht sind, nicht zum ersten Mal aufgetaucht. Dies ist viele Male vorher immer wieder passiert. Generationen über Generationen von Menschen haben so spontan, wie wir hier, gedacht, etwas herausgefunden und verstanden. Diese Gedanken sind weitergegeben und dargelegt worden. So ähnlich gibt ein guter Bäcker sein Wissen um das Brotbacken weiter. Die Kenntnis ist gewissermaßen alt, aber jedes Mal, wenn das Brot gebacken wird, ist es warm und frisch. Es gibt kein kaltes Brot. Es gibt immer noch jenes Wissen von der Kunst des Brotbackens, das altbewährt ist, selbst wenn das Brot an Ort und Stelle gebacken wird. Das kann sehr inspirierend sein. Wenn wir uns einmal den Lehren anvertraut haben, dann ist diese lebendige und inspirierende Qualität ständig vorhanden.

Wir können nun diskutieren.

FRAGE: *Ich bin mir immer noch nicht ganz sicher über die Beziehung zwischen Praxis und Intellekt. Müssen wir sie getrennt voneinander halten, oder gibt es irgendeine Möglichkeit, dass wir den Intellekt in unserer Praxis einsetzen können?*

ANTWORT: Ich möchte gern etwas über meine eigene Ausbildung erzählen. Wir haben in Tibet nicht nur an Vorträgen teilgenommen, sondern die Texte auch auswendig gelernt. Täglich mussten wir ungefähr sechs Seiten auswendig lernen. Am nächsten Tag wurde jemand vom Los bestimmt, dasjenige, was wir am Vortag gehört hatten, einschließlich erklärendem Kommentar und allem Übrigen vorzutragen. Es wurden ihm auch Fragen darüber gestellt, was er am Vortag gehört hatte. Daran führte kein Weg vorbei. Am Anfang war es eine ziemlich gute Disziplinübung. Von einer bestimmten Stufe an wurde die ganze Sache jedoch sehr monoton. Wir hatten das Gefühl, als wären wir in diese Struktur schulmäßigen Lernens einprogrammiert worden. Wir konnten die Dinge nicht mehr hören, wir lernten nur noch die Worte auswendig. Wir konnten das Thema sogar von einem intellektuellen Standpunkt aus diskutieren, verstanden es aber nicht wirklich. Wir konnten uns selbst nicht mehr richtig hören, ganz zu schweigen von dem, was die anderen sagten. Ein derartiger Kurs pflegte gewöhnlich sechs Monate zu dauern. Wir lernten in der Regel den Abhidharma-Text selbst, den indischen Kommentar und dann den tibetischen Kommentar über diesen Kommentar. Auch gab es verschiedene Abhandlungen, die vom Standpunkt der Gelugpas, der Kagyüpas, der Sakyapas, der Nyingmapas usw. über bestimmte Themen des Abhidharma verfasst worden waren. Wir bemühten uns daher, alles zusammenzufügen. Aber es war einfach zu viel an Material. Irgendwie hatte es eine hypnotische Wirkung, etwas immer wieder und wieder zu hören. Die Belehrungen hallten unaufhörlich in unseren Köpfen nach; wir träumten sogar davon. Wenn wir am Morgen aufstanden, pflegten bestimmte Zitate in unseren Köpfen aufzutauchen. Schließlich war der sechsmonatige Studienkurs beendet. Es wurde uns gesagt, dass wir den Abhidharma erlernt hätten, wir aber glaubten nicht, überhaupt irgendetwas gehört zu haben. Wir waren einfach nur glücklich, die ganze Sache loszuwerden, so dass wir uns nun entspannen, in die Sommerferien gehen oder sonst etwas tun konnten. Aus irgendeinem Grunde konnten wir jedoch nicht wirklich voll und ganz Urlaub machen; die Disziplin kehrte ständig wieder zu uns zurück. Wir stellten im Nachhinein fest, dass wir völlig in die Lehre involviert waren. Was auch immer wir gerade machten, ob wir mit Leuten redeten, in den Bergen umherwanderten, auf einem Pferd ritten oder am Berghang zelteten – Abhidharma pflegte ständig wiederzukommen und uns wie ein Geist heimzusuchen. Dann verstanden wir allmählich ein paar Dinge, am Anfang vielleicht nur ein oder zwei Gedanken; als wir jedoch immer weiter eindrangen, wurden wir allmählich neugierig auf die ganze Sache. Rein aus Neugier heraus schlugen wir dann die Bücher auf und lasen einige kleine Abschnitte. Sie begannen etwas zu bedeuten.

Das Entscheidende dabei ist, dass sich bestimmte Dinge außerhalb Ihrer Reichweite befinden mögen. Wenn Sie jedoch die Disziplin des Zuhörens haben, so werden sie in einem bestimmten Augenblick von Nutzen für Sie sein. Dann kommen sie automatisch, von selbst zu Ihnen zurück – und nicht aufgrund Ihres Bemühens, sich wirklich auf sie einzulassen und an ihnen zu arbeiten.

Was Sie eben angesprochen haben, ist etwas, worüber ich mir lange nicht im Klaren gewesen bin, nämlich: eine Form der Konditionierung zu dem Zwecke anzuwenden, um von Konditionierung frei zu werden. Ich habe angenommen, dass alles, was dabei geschieht, nur das weitere Vollstopfen mit mehr Material ist, während ich wirklich daran interessiert bin, von Konditionierung frei zu sein.

Ich vermute, dass dies sehr stark von der betreffenden Konditionierung abhängt. Beispielsweise ist die starke ideologische Umerziehung, welche gerade in China stattfindet, im Augenblick sehr eindrucksvoll, weil Sie erkennen können, was damit erreicht worden ist. Sobald Sie aber aus China herausgehen, wird die ganze Sache belanglos: Sobald Sie aus dieser Umgebung heraustreten, kommt die Konditionierung nicht mehr zur Geltung. Dagegen können bestimmte Vorstellungen, die für Sie persönlich gültig sind, im Augenblick nicht besonders offensichtlich sein. Doch selbst wenn Sie aus der Lernsituation aussteigen, sind sie noch immer anwendbar – ja sogar noch mehr. Bei der Meditationspraxis fangen Sie damit an, sich selbst in einen Konditionierungsprozess hineinzustecken. Indem Sie dies tun, nützt sich die Konditionierung jedoch ab. Der Konditionierungsprozess lässt Samenkörner entstehen, aber die Konditionierung selbst verschwindet. Dann beginnen die Samen zu gären.

Wird man von diesem Gärungsprozess nicht ein wenig high?

Man wird immer high.

Worin besteht der Unterschied zwischen diesen Gedanken, welche im alltäglichen Leben wieder ihren Weg zu uns zurückfinden, und jener Art des Kommentars von außen, den Sie als den „spirituellen Ratgeber" gekennzeichnet haben?

Der Gedanke des spirituellen Ratgebers bezieht sich mehr auf die frömmlerische Haltung, die fortwährend versucht, gut und spirituell zu sein. In diesem Falle haben Sie dagegen keine Vorstellung davon, was Sie tun sollten; Sie führen lediglich Ihre gewohnten Dinge weiter aus. Die Gedanken tauchen einfach auf. Wenn Sie natürlich damit anfangen, sich an ihnen festzuhalten, könnten sie sich in einen spirituellen Ratgeber verwandeln. Wir sprechen von Gedanken, die spontan durchbrechen, was sich ziemlich unterscheidet von dem vorsätzlichen spirituellen Ratgeber des Ego.

Dann sollte die Herangehensweise an die Schriften des Abhidharma vielleicht eher so sein, wie man einen Roman liest, anstatt etwas zu studieren, damit man es dann später auf eine bestimmte Weise anwenden kann? Sollten wir vielleicht in einer Weise an sie herangehen, die zweckfreier ist – etwa wie an ein Schachspiel oder ein Puzzle – und dabei den Versuch außer Acht lassen, wie wir sie auf unsere Meditation anwenden?

Ja und nein. Sie können dabei zu weit gehen. Sie können schließlich feststellen, dass Sie überhaupt nicht mehr lesen, weil es Ihnen besser gefällt, nicht zu lesen, oder weil Sie von diesem ganzen langweiligen Thema genug haben. Sie müssen eine gewisse Disziplin aufbringen, um Ihren Geist darauf anzuwenden. Sie sollten sich in dem Sinne darüber Gedanken machen, wie Sie es am besten auf sich selbst anwenden können. Wenn Sie jedoch zu ehrgeizig werden und versuchen, jedes kleine Detail geistig zu verarbeiten, können Sie es nicht schaffen.

Der Gedanke dabei ist der, dass Sie versuchen, ein Gefühl für den allgemeinen Überblick über die ganze Sache zu entwickeln, anstatt jedem Satz, jedem Wort allzu viel Glauben zu schenken. Diese Art von Einstellung ist zu einem großen Problem bei der Beschäftigung mit dem Buddhismus geworden. Wenn Sie zu sehr mit den Details beschäftigt sind, können Sie leicht die Gesamtperspektive aus den Augen verlieren. Wenn Sie jedoch dazu fähig sind, ein Gefühl für das ganze Muster, für den Gesamtumriss zu haben, werden Sie es weitaus eher auf Ihr Leben anwenden können. Ist dies erst einmal geschehen, dann tauchen die Details spontan von selbst auf. Wenn Sie beispielsweise ein grundsätzliches Verständnis von der Entwicklung der fünf Skandhas haben, dann haben Sie damit ein Gefühl für den gesamten Prozess; die Einzelheiten hören daher auf, voneinander losgelöste, unverbundene Fakten zu sein. Stattdessen sind sie nur ein Teil dieser Landkarte.

Gibt es einen Punkt, wenn wir diese Dinge mehr oder weniger gewohnheitsmäßig erlernen, an dem sie zu einem Teil unserer Gefühle und Wahrnehmungen werden?

Es scheint zwei Möglichkeiten zu geben, wie man daran herangehen kann: der äußerst disziplinierte Weg, alles ohne vorherige Wahl einzubeziehen, oder der Versuch, entsprechend Ihrer Interessen vorzugehen. Wenn Sie jedoch den zweiten Zugang wählen, sollten diese Interessen einen Bezug zum Gesamtzusammenhang haben, so dass Sie nicht von der Faszination für einen bestimmten Aspekt des Themas fortgerissen werden.

Nehmen wir einmal an, dass jemand wirklich dazu bereit ist, jeglichen Gedanken an eine Wahl aufzugeben und alles mit einzubeziehen, was schließlich zu einem Teil von ihm selbst werden könnte.

Nun, das trifft auf einen bestimmten Personentypus zu. Es handelt sich um die Art von Konditionierungsprozess, worüber wir gesprochen haben, wie beispielsweise die Meditation. Sie setzen die Meditation fort, ob Sie es nun mögen oder nicht. Sie mag nicht sonderlich angenehm sein, sie kann in der Tat außerordentlich langweilig sein. Das Auswendiglernen oder Lesen muss sich nicht unbedingt nur auf offensichtlich tiefsinnige oder hochtrabende Themen ausrichten. Es kann auch sehr gewöhnlich und einfach sein. Von dieser Einfachheit kann man eine ganze Menge lernen. In Tibet hat es eine Tradition gegeben, dass bestimmte Lehrer erfahren im Niederschreiben von besonderen Kurzfassungen verschiedener großer Lehrer waren. Jedes Jahr wurde ein Lager errichtet, und diese Belehrungen wurden sehr einfach dargelegt. Jedes Jahr nahmen Hunderte von Menschen an diesen sommerlichen Studiengruppen teil, obwohl jedes Jahr das Gleiche in genau derselben Weise gesagt wurde. Jedes Jahr dehnten sie jedoch ihr Verständnis ein wenig weiter aus. Nicht nur die Schüler, auch die Lehrer selbst stellten fest, dass es in jedem Jahr so war, als hätten sie diese speziellen Sätze niemals zuvor gelesen.

Als Sie sagten, das Lesen müsse Anwendung in unserer Meditation finden, meinten Sie doch nicht, dass wir während der Meditation darüber nachdenken?

Nein. Die Meditation ist jedoch eine gute Vorbereitung für das Lesen, indem Sie für ein gewisses Gefühl von leerem Raum und Offenheit sorgen. Wenn Sie sich selbst eine Lücke oder einen offenen Raum zum Ausruhen gönnen, indem Sie sich hinsetzen und absolut nichts tun, erholen Sie sich von Ihrer Betriebsamkeit. Sie sind dann in der richtigen Verfassung, um zu lesen und mehr aufzunehmen.

Wenn wir zuerst in unseren eigenen psychologischen Abläufen einige der Dinge bemerken, von denen wir im Abhidharma erfahren haben, wie können wir dann die wechselseitige Verbindung dieser Prozesse erkennen und uns nicht nur daran aufhängen, sie zu identifizieren: „Aha, ich sehe da was! Im Abhidharma ist davon die Rede."

Wenn man etwas in dieser Art und Weise auf der Stelle erkennt, ist es automatisch mit etwas anderem verbunden. Diese Eingebung beruht auf dem Muster von Ursache und Wirkung, das Teil des Ganzen ist. Ich halte es aber für den entscheidenden Punkt, dass man sich nicht von Stolz verleiten lassen sollte, wenn man etwas in seinem Wesen entdeckt, das mit dem Abhidharma übereinstimmt. Der springende Punkt ist der, dass man Dinge nicht in ein bestimmtes System einfügen oder sich selbst irgendetwas beweisen will, sondern dass man das Muster so sieht, wie es ist. Man erkennt es lediglich und bewegt sich weiter. Das ist keine große Sache.

Ich verstehe die zeitliche Skala nicht, auf der sich die zwölf Nidanas ereignen. Geschehen sie in jedem Augenblick oder braucht es ein ganzes Leben oder viele Leben?

Sie finden in jedem Augenblick statt. Die zwölf Arten der Kettenreaktion müssen stattfinden, damit die alltägliche Erfahrung in die Tat umgesetzt werden kann. Sie bilden ein Strukturmuster. Sie sind nicht voneinander unabhängig, das eine hängt jeweils von dem vorangegangenen und ebenso auch von dem nächstfolgenden ab. Diese gesamte Entwicklung könnte sich jedoch im Bruchteil einer Sekunde zutragen. Der Abhidharma vergleicht die zwölf Nidanas mit einem Papierstoß. Innerhalb von einer Sekunde könnte man eine Nadel hindurchstecken. Würde dieser Vorgang unterteilt, so dass man den Punkt ins Auge fasst, an welchem die Nadel das erste Blatt Papier durchbohrt, und dann den nächsten und dann wieder den nächsten, so würde es zwölf davon geben. Diese zwölf könnten jeweils wieder in drei Teile unterteilt werden: das Berühren, das Durchbohren, das Durchstoßen und Berühren des nächsten. Dieser Vorgang, der das ichhafte Denken ausmacht, kann endlos unterteilt werden; aus diesem Grunde existiert das Ego nicht als eine fest umrissene Sache. Es kann in keinem Teil dieses Vorgangs aufgefunden werden. Die Dinge geschehen von Augenblick zu Augenblick, und es gibt keine fest umrissene, selbstständige Sache wie ein „mich“ und „mein“.

Heißt das, dass jeder Augenblick einer dieser Zyklen von zwölf ist?

Ja.

Nehmen wir einmal an, dass ich dazu in der Lage wäre, jeden Schritt innerhalb dieses Ablaufs zu erkennen ...

Sie würden nicht in der Lage sein, jeden Schritt innerhalb dieses Ablaufs zu erkennen. Das wäre unmöglich.

Was könnte man denn erkennen?

Sie könnten das gesamte Muster wahrnehmen, es eher wahrnehmen, als es zu erkennen. Ungeachtet dessen, wie scharf Ihr Geist auch wäre, könnten Sie diese jedoch nicht erkennen, solange Sie jeden der zwölf Schritte als getrennt betrachten würden.

Sie meinen, man könnte es dann wahrnehmen, wenn man ein Teil davon ist?

Ja, Sie könnten ein Teil davon sein und auf diese Weise ein Gefühl dafür bekommen.

Welche Kontinuität verläuft als Faden zwischen diesen zwölf Stufen?

Der Vorgang beginnt mit der Unwissenheit und endet mit dem Tod, und dann bringt der Tod die Unwissenheit wieder aufs Neue hervor. Das geht immer weiter und weiter.

Es muss aber einen Verbindungsfaden geben, denn sonst würde es keinerlei Kontinuität geben. Im einen Augenblick würde ich Sie sehen und im nächsten Augenblick würde ich in England sitzen und meine Mutter sehen.

Der Körper ist die Verbindung, der Geist/Körper mehr als der physische Körper, das heißt also, die zentrale Kommandostelle des Ego. Wir erstatten unserem Geist/Körper, unserem Zufluchtsnest Bericht. Wenn Sie jemanden fragen: „Wie kannst du wissen, dass du das bist, was du bist?“, so lautet die einzige einfache Erklärung: „Ich sehe mich selbst im Spiegel. Ich bin, was ich bin. Ich habe einen Körper.“ Wenn Sie jedoch versuchen, darüber hinauszugehen und ein weiteres Prinzip zu finden, das dafür eine Basis bildet, so werden Sie nichts finden. Darum heißt es im *Herz-Sutra:* „Da gibt es kein Auge, kein Ohr, keine Nase, keine Zunge, keinen Körper ...“ Ihr Auge ist nur ein Auge, es ist nicht Ihr Auge; Ihre Nase ist nur eine Nase, sie ist aber nicht Ihre Nase. Sie sind niemand. Innerhalb des gesamten Körpersystems hat jeder Teil seinen eigenen Namen, seinen eigenen Platz. Er setzt sich aus vielen Dingen zusammen – aber ein solches Ding wie Sie gibt es nicht.

Man beginnt daher damit, über den Geist/Körper, über die eigene Version des Körpers als einer fest umrissenen Sache hinauszugehen, wenn man die einmalige Besonderheit eines jeden Körperteilchens erkennt. Man braucht den Körper jedoch nicht zu zerstören. Man lernt durch den Körper.

Ihre Unterweisung versucht uns also zu zeigen, wie wir über unsere Anhaftungen hinausgehen können, die den Geist/Körper ausmachen.

Wir gehen, streng genommen, nicht über den Körperbegriff insgesamt hinaus, sondern wir versuchen, von der Neigung abzukommen, dass wir uns im Körper ein Nest bauen wollen: Wir haben diesen außerordentlichen Sicherheitsgedanken, dass der Körper ein befestigter Ort ist und dass wir in unsere Festung zurückkehren können. Selbst wenn wir darüber hinausgelangen, scheint die Kontinuität kein großes Problem zu sein. Wir haben immer noch eine gewisse Grundlage für den Umgang mit anderen Menschen, denn wenn wir über das Ego hinausgelangt sind, entwickeln wir Mitgefühl und einen Sinn für mitfühlende Kommunikation. Damit es eine Kommunikation mit anderen Menschen geben kann, muss es jemanden geben, der kommuniziert, und diese Art von Kontinuität setzt sich fort. Das hat überhaupt nichts mit dem Ego zu tun. Das Ego ist die Einbildung von einem zentralen Zufluchtsnest, das uns sicheren Schutz gewährt. Wir fürchten uns vor der Außenwelt unserer Projektionen, daher gehen wir einfach in unser Wohnzimmer zurück und machen es uns gemütlich.

In Bezug auf diesen Punkt gibt es ein allgemeines Missverständnis über den Buddhismus. Die Leute fragen sich, wenn es kein Ego gibt, wer denn dann Erleuchtung erlangt, wer denn alle diese Handlungen ausführt? Wenn man kein Ego hat, wie kann man dann essen, wie kann man schlafen? In diesem Falle wird das Ego falsch verstanden als der physische Körper und nicht als das, was es ist: eine paranoide Versicherungspolice, das befestigte Schutznest des Ego. Sie können weiterexistieren, ohne dass Sie sich selbst verteidigen müssen. Tatsächlich werden Sie unbesiegbar, wenn Sie sich selbst nicht verteidigen.

Nun, das scheint der Abschluss dieses besonderen Seminars über den Abhidharma zu sein. Es könnte jedoch der Anfang unseres Lernprozesses sein. So werden wir unser Seminar beenden und unser Seminar wird weitergehen.

NACHWORT DES HERAUSGEBERS

Diese Einführung in die buddhistische Psychologie des Abhidharma bildet eine Ausnahme unter den Veröffentlichungen des Ehrw. Vajracharya Chögyam Trungpa Rinpoche. Im Unterschied zu seinen anderen Büchern, die aus vielen verschiedenen Lehrgesprächen zusammengestellt worden sind, handelt es sich hier um die Aufzeichnung eines Events – man könnte so weit gehen, es als ein denkwürdiges Ereignis in der Geschichte des Buddhismus im Westen zu bezeichnen.

Dieses besondere Ereignis war ein „Seminar" in den frühen Tagen von Trungpa Rinpoches Darlegung der buddhistischen Lehren in den Vereinigten Staaten. Das Seminar fand im Jahre 1971 an einem Ort statt, der jetzt „Karmê-Chöling" heißt: ein buddhistisches Meditationszentrum im nördlichen Vermont unter der Leitung von Trungpa Rinpoche, wo schon einige Jahre später ungefähr hundert praktizierende Buddhisten ständig lebten und das große, aus grobem Stein behauene Gebäude Gemeinschaftsräume und einen sehr schönen Schreinraum beherbergte. Zum Zeitpunkt des Abhidharma-Seminars trug der Ort noch den eher wunderlichen Namen „Tail of the Tiger" (Des Tigers Schwanz); damals gab es nur ein einziges mittelgroßes Bauernhaus, eine geräumige, wenn auch altersschwache Scheune und ungefähr zehn dort lebende Praktizierende. Noch ein Jahr vorher war dort ein Molkereibetrieb ansässig gewesen. Das Seminar hatte vielleicht sechzig bis siebzig Teilnehmer und fand draußen in einem großen Zelt statt.

Für die Teilnehmer, die aus New York, Boston, San Francisco, Los Angeles, England – und sogar aus Tibet – herbeigekommen waren, war dies keineswegs eine gewohnte oder irgendwie überschaubare Situation. Zu dieser Zeit gab es nur das allerkleinste

Samenkorn des mittlerweile viele Tausende zählenden Sangha unter Trungpa Rinpoches Schirmherrschaft. Insgesamt betrachtet waren bei dieser Erfahrung einzelne Wesen zufällig zusammengekommen, die sich nun auf unerklärliche Weise in diesem abgelegenen Winkel der Grünen Berge Vermonts in einem Zirkuszelt wiederfanden und dort den ungeheuer direkten Worten eines Mannes zuhörten, der unmöglich einzuordnen war. Dem Namen nach „Rinpoche“: zu dieser Zeit ein unvertrautes Wort, eine bloße Anhäufung von Lauten. Der äußeren Erscheinung nach: zu dieser Zeit vielleicht ein Rocksänger aus Hawaii oder ein chinesischer Geschäftsmann, ein Mann um die Dreißig, in westlichem Hemd und Hosen, mit modisch langen Haaren und östlichen Gesichtszügen. Ein Mann, der sich nicht mit besonderen Formen oder Zeremonien umgab, der einfach hereinkam, sich hinsetzte und sprach, immer noch mit einem leichten britischen Akzent: manchmal in einer gehobenen Ausdrucksweise mit großen Feinheiten, manchmal in der allerjüngsten amerikanischen Umgangssprache der „Hippie“-Generation, manchmal mit einer fast brutalen Direktheit, die sich gleichermaßen über Grammatik und begriffliche Vorstellung hinwegzusetzen und nur mittels des unbearbeiteten lebendigen Sinngefüges zu kommunizieren schien. Für die Teilnehmer, für welche dieses Event selbst am Anfang schon an der Grenze ihrer vorgefassten Meinungen lag, wurde die Erfahrung auch dadurch nicht einfacher, dass sie diese zu erklären oder einer vertrauten Kategorie zuzuweisen suchten; für viele von ihnen wurde sie aber zum Anfang ihrer Reise auf dem buddhistischen Pfad – einer Reise hinein in die unverhüllte Erfahrung jenseits von Vorstellungen und auch jenseits von Hoffnung und Furcht.

In dieser Atmosphäre konnte Trungpa Rinpoche die traditionellen Abhidharma-Lehren der buddhistischen Psychologie sehr offen und direkt einem Publikum darlegen, das nur zum Teil am Buddhismus im engeren Sinne interessiert war. Die Teilnehmer hatten zu diesem Zeitpunkt größtenteils keine Ahnung davon, dass eine traditionelle Thematik abgehandelt wurde; sie nahmen stattdessen an, dass die „Realität" beschrieben würde. Ähnlich muss es sich verhalten haben, als Buddha selbst – der ja schließlich kein Buddhist war – diese Lehren dargelegt hat. Vielleicht kann der Leser an dem Wechselspiel zwischen den Fragen der Schüler und Rinpoches Antworten das Wesen des direkten Engagements spüren, das für die wirklich lebendige Lehrsituation bezeichnend ist. Aus diesem Austausch entsteht eine neue Ausdrucksform für die vollständige Überlieferung des Buddhismus, für die Lehre des erwachten Geisteszustandes, die für die Dauer von tausend Jahren in Tibet von Lehrer zu Schüler weitergegeben worden war. Aus der Situation heraus entsteht spontan eine neue mündliche Überlieferung, die dem westlichen Denken angemessen ist.

Die Lehrform von Chögyam Trungpa Rinpoche ist der Buddhadharma der drei Yanas: Hinayana, Mahayana und Vajrayana. Die Grundlage ist das Gefühl für Disziplin und Verzicht, das automatisch von der Einsicht in das Wesen von Ego und Karma begleitet wird und sich auf der Meditationspraxis im Sitzen gründet. Der Pfad ist Kommunikation, eine offene und energievolle Kommunikation, die automatisch von der Einsicht begleitet wird, dass es nichts in uns gibt, was zu verteidigen wäre; auch er beruht auf der Meditationspraxis im Sitzen. Die Frucht ist Buddha-Aktivität, welche immer und überall, unter jeglichen Bedingungen, die Dinge spontan so sichtbar werden lässt, wie sie sind. Auch diese gründet sich, bis die vollständige Erleuchtung, *Samyaksambodhi,* erreicht ist, auf der Meditationspraxis im Sitzen und auf der Kraft und Intelligenz der zahllosen tantrischen Übungen. Grundlage, Pfad und Frucht – Hinayana, Mahayana und Vajrayana.

Oberflächlich lässt sich der thematische Stoff dieses Buches als zum Hinayana gehörig betrachten, denn er gehört auf eine allgemeine Art und Weise zum Einsichtsprozess in die Struktur des Ego. Innerhalb von Trungpa Rinpoches Betrachtungsweise aber, die auf den drei Yanas aufbaut, werden selbst die grundlegenden

Prinzipien vom Standpunkt der höchsten Verwirklichung aus gesehen. Selbst am Anfang schimmert bereits das Bewusstsein eines vollkommenen Verstehens durch. Für die Hinayana-Stufe innerhalb der Entwicklung eines Schülers ist es typisch, dass er sich von den endlosen, unentrinnbaren Egospielen, die er gerade zu erkennen gelernt hat, etwas gefangen fühlt. Auf dieser Stufe scheint die Verwirrung der Erleuchtung entgegengesetzt und Erleuchtung daher so weit entfernt zu sein. Dies ist auch die Situation von denjenigen, deren Verpflichtung gegenüber dem Buddhadharma – wie diese auch immer beschaffen sein mag – am Buchstaben festhält oder rein begrifflich bleibt. Solange unser Verständnis so bleibt, kann die Meditationspraxis sich weder voll entwickeln noch befreit sie uns. Bei der Herangehensweise von Trungpa Rinpoche sind das Samenkorn und die Frucht zur gleichen Zeit gegenwärtig: Die schlechte Kunde vom Ego und die gute Kunde von der Einsicht, die es aufdeckt, sind nicht voneinander zu trennen. Das wird in der Überlieferung als die Gleichzeitigkeit des allmählichen und des plötzlichen Pfades bezeichnet. Die besondere Fähigkeit eines großen Lehrers bringt es mit sich, dass er wie von selbst einen derart schöpferischen Hintergrund zur Verfügung stellt, der es seinen Schülern tatsächlich ermöglicht, mithilfe der Meditationspraxis rasche Fortschritte zu machen. Buchstabengetreue oder festgefahrene Anschauungen werden unaufhörlich als Brennstoff für die innere Einsicht aufgezehrt.

Die Leser dieses Buches haben die Gelegenheit, Zeuge dieser Art von Darstellung zu werden, wobei sich Grund und Frucht in ständigem Gleichgewicht miteinander befinden und dieses spontane Gleichgewicht den Pfad bestimmt.

Sherab Chödzin Kohn
Wien 1978